王 俊◎编著

读成语·识天下

—走进中国传统文化

成败篇 1

开明出版社

图书在版编目(CIP)数据

读成语·识天下:走进中国传统文化.成败篇.1/王俊
编著. —北京:开明出版社,2015.3 (2018.1重印)
ISBN 978-7-5131-1761-6

Ⅰ.①读… Ⅱ.①王… Ⅲ.①汉语-成语-通俗读物
Ⅳ.①H136.3-49

中国版本图书馆 CIP 数据核字(2015)第 048389 号

责任编辑:周瑛丽
装帧设计:羽人·高伟

书　名:成败篇 1
出　版:开明出版社
　　　　(北京海淀区西三环北路 25 号 邮编 100089)
经　销:全国新华书店
印　刷:北京飞达印刷有限责任公司
开　本:787×1092 1/16
印　张:8
字　数:120 千字
版　次:2015 年 5 月 北京第 1 版
印　次:2018 年 1 月 北京第 2 次印刷
定　价:29.00 元

印刷、装订质量问题,出版社负责调换货　联系电话:(010)88817647

前　言

成语作为汉语言文化中的一朵奇葩，是中华历史文化的积淀。成语的魅力在于它是人类语言和智慧的结晶，有着极为丰富的文化内涵。一则精彩的成语，需要经过语言学、历史学、文化学、社会学、心理学的共同加工，并历经岁月的千锤百炼，才能得以形成，才会有历史所赋予的生命力，才能广泛流传于大众之口和书面文章中。

一般来说，每一个成语都有它的出处，或者说都有一段故事。汉语中的成语不仅数量众多，而且运用广泛，民族文化特征鲜明。要想了解中国文化，就不能不重视成语的学习和掌握。另外在文字表达中，恰当地使用成语，能起到画龙点睛的作用，达到生动形象的效果。历来善于写诗为文的人，为了加强作品的说服力或艺术表现力，无不重视成语的巧妙运用。

本套丛书遍搜中国浩如烟海的历史文化典籍及相关成语故事集而成，条目海量，蔚为大观。读者可以追本溯源，从生动有趣的故事入手，去体味中华五千年历史文化的博大精深，也可将其作为工具书查阅。可谓一册在手，中华成语故事全掌握。

本系列图书以弘扬优秀的中华传统文化为主旨，以广大中学生和汉语语言文化爱好者为读者对象，着力选编有语言交流实用价值和文化传承积极意义的汉语成语，以便于读者对汉语语言知识的学习，增进他们对中国汉语语言文化的了解和热爱，促进中华传统文化的继承传播和社会主义文化强国的建设。

《读成语·识天下》将浩如烟海的成语词汇按不同内容，分类汇编成各种特色的分册，比如《读成语·识天下·人生篇》《读成语·识天下·情感篇》《读成语·识天下·勤奋篇》《读成语·识天下·言语篇》《读成语·识天下·时机篇》《读成语·识天下·成败篇》……每一分册对于青少年学生掌握一类成语，强化拓展学生们在某一领域的知识面，都有着十分重要的意义。

前 言

　　本丛书的设计符合当代青少年的欣赏特点，封面设计坚持文化性和时尚性的结合，正文版式生动活泼、双色印刷、图文并茂，既能让读者感受文化的厚重感，又能让读者享受到阅读欣赏的轻松感。丛书在体例编排上注重知识性、可读性和完整性，每则成语下包含出典寻源、解字释义、关联词语、应用说例四个部分。

　　在"出典寻源"板块，我们简明扼要叙述了成语形成的背景过程，特别强调叙说其相关故事，用一个生动的故事揭示成语的背景知识，力求给读者一个轻松有趣的氛围开始成语学习。在"解字释义"部分，我们一般先解释成语中的生僻字，再解析成语的原义和引申义，让读者一目了然，快速掌握成语的意思。在"关联词语"板块，我们选辑了与该成语有关的同义词、近义词和反义词，分析了这些词与该成语在词性、内容上的异同之处，以便加深读者对该成语的理解。在"应用说例"板块，我们着重举例说明该成语在语言交流和文章写作中的灵活运用，特别注意引用名人名著的经典应用语句，尤其注意例举青少年文学读物中关于该成语运用的相关实例。在造句部分，我们尽量避免了简单的造句作业，所编辑的造句均与学生生活与学习息息相关，以方便学生理解与参考。

　　本丛书力求做到集知识性、趣味性、科学性于一身。但是，由于成语涉及的领域十分广泛，而本书篇幅有限，又要适应青少年读者的阅读习惯，所以在框架设计、内容取舍等方面难度较大，疏漏差错之处在所难免，恳请相关专家、学者及广大读者批评指正。由于本书的知识量较大，因此编者搜集了各个方面的诸多资料，在此对给予本书大力支持的各界朋友深表感谢。

2015 年 1 月 8 日

读成语·识天下
——走进中国传统文化

目录

中國傳統文化

◎ 出典寻源

◎ 解字释义

◎ 关联词语

◎ 应用说例

百尺竿头

出典寻源

"百尺竿头"这个成语引自宋代释道原《景德传灯录·招贤大师》。

唐朝时，长沙有位高僧名叫景岑，号招贤大师。他经常到各地去传道讲经。一天，招贤大师应邀到一座佛寺的法堂上讲经。大师讲得深入浅出，娓娓动听，听的人深受感染。招贤大师讲经完毕后，一名僧人站起来，向他提了几个问题。大师慢慢地作答。那僧人听到不懂处，又向大师提问。于是，两人一问一答，气氛亲切自然。他俩谈论的是有关佛教的最高境界——十方世界的内容。为了说明十方世界究竟是怎么回事，招贤大师当场出示了一份偈帖。所谓偈帖，就是佛教中记载唱词的本子。大师指着上面的一段文字念唱道：

百丈竿头不动人，

虽然得入未为真。

百丈竿头须进步，

十方世界是全身。

"百丈竿头"也称"百尺竿头"。

解字释义

竿头：桅杆或杂技长竿的顶端。"百尺竿头"原是佛教用语，

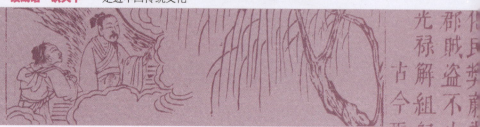

▶ 2

◎ 出典寻源

◎ 解字释义

◎ 关联词语

◎ 应用说例

指道行造诣达到极高境界。比喻不满足已得的成就，要继续攀登努力，更求上进。

关联词语

与"百尺竿头"意思相近的词语有"再接再厉""精益求精"等。

"百尺竿头"与"再接再厉""精益求精"都有不满足当下的成就而不断努力的意思。不过，"百尺竿头"和"精益求精"这两个成语指的是在一定的基础之上，也就是取得普通人眼中已经不错的成就时，还感觉远远不够，接着努力。而"再接再厉"指始终保持斗志的一种态度，也比喻继续努力，再加一把劲，形容一次又一次加倍努力。"再接再厉"多用作赛场上的鼓励用语，适用于大多数人，但是，"百尺竿头"和"精益求精"这两个成语仅仅适用于在社会上有所成就的少数人，或者适用于在某方面取得了一定成绩，希望争取更大更优异成绩的人。我们在使用时要注意区分。

"百尺竿头"的反义词有"每况愈下""故步自封""日就衰败""墨守成规"等。

应用说例

唐代吴融《商人》："百尺竿头五两斜，此生何处不为家。"明

◎ 出典寻源

◎ 解字释义

◎ 关联词语

◎ 应用说例

代吴承恩《西游记》："百尺竿头须进步，十方世界立行藏。"刘白羽《第二个太阳》："过去，看不到胜利盼胜利，现在胜利在握了怕胜利，百尺竿头更进一步，每个人都不能背胜利这个包袱。"邹韬奋《团结的推动力》："我们必须百尺竿头进一步，有意识地看清进步是团结的推动力。"

现在，"百尺竿头"多与"更进一步"连用。在字形上要注意："竿"字，不能写作"杆"；"进"字，不能写作"近"。

●**例句一**：他们虽然获得了冠军称号，但仍然坚持训练，决心百尺竿头，更进一步，为学校争取更大的荣誉。

●**例句二**：我们班获得了"优秀班集体"的光荣称号，希望同学们百尺竿头，更进一步，明年能取得更好的成绩。

◎ 出典寻源

◎ 解字释义

◎ 关联词语

◎ 应用说例

半途而废

出典寻源

"半途而废"这个成语引自南朝刘宋范晔《后汉书·列女传》。这个故事的原文是这样的：

羊子尝行路，得遗金一饼，还以与妻。妻曰："妾闻志士不饮盗泉之水，廉者不受嗟来之食，况拾遗求利，以污其行乎！"羊子大惭，乃捐金于野，而远寻师学。

一年归来，妻跪问其故，羊子曰："久行怀思，无它异也。"妻乃引刀趋机而言曰："此织生自蚕茧，成于机杼。一丝而累，以至于寸，累寸不已，遂成丈匹。今若断斯织也，则捐失成功，稽废时日。夫子积学，当日知其所亡，以就懿德。若中道而归，何异断斯织乎？"羊子感其言，复还终业，遂七年不返。

把它翻译成今天的白话文，大意是这样的：

一天，河南有个叫乐羊子的读书人在路上拾到一块金子，带回家来，交给妻子。

妻子摇摇头说："我听说有志向的人不喝盗泉的水，不吃嗟来之食，把拾到的东西带回家里是很不好的行为。"

乐羊子听了妻子的话，十分惭愧，急忙把那块金子送回原处。然后自己去很远的地方，拜师求学去了。

一年之后，乐羊子跑回家来。妻子问他："你不是求师读书去了吗？怎么回来了？"

乐羊子笑着说："时间长了，我挺想你，所以回来了。"

◎ 出典寻源

◎ 解字释义

◎ 关联词语

◎ 应用说例

　　妻子听罢，拿出一把剪刀，拉他到织布机旁，轻声地说："你瞧，我日积月累才能织出一寸、一尺、一丈、一匹的绸子。如果我一剪刀将它剪断，就会前功尽弃。你读书也是这个样子呀，如果半途而废，不就像剪断了丝线一样，白费了心思吗？"

　　妻子的话深深地感动了乐羊子，他第二天便离家外出，继续求学，一连七年没有回家。

解字释义

　　废：停止或废除。"半途而废"比喻事情没做完就停止，不能善始善终，做事有头无尾。含贬义。

关联词语

　　与"半途而废"意思相近的词语有很多，如"功亏一篑""有始无终""浅尝辄止""因噎废食""一噎止餐""半途而返""戛然而止""付之东流""打退堂鼓""前功尽弃"等。

　　"半途而废"和"浅尝辄止"都含有"中途停止，没有做到底"的意思。"半途而废"偏重在工作已做了不少；"浅尝辄止"偏重在稍微尝试一下就停止了。"半途而废"多用于事业、工作、学习和研究上，并带有惋惜的意味；"浅尝辄止"多用于学习上，有时也用于研究上。"半途而废"与"有始无终""半途而返"都是指在一件事情上面，已经花费时间和精力进行了一段时间，但

◎ 出典寻源

◎ 解字释义

◎ 关联词语

◎ 应用说例

是却因为某些原因或者无法坚持下去便放弃了的意思。而"功亏一篑""前功尽弃"这两个成语同样有做事有头无尾、事业没有做完便停止的含义，但是它们更偏重于一件事情已经进行到最后，在快要完成的时候，突然间放弃了，或者突然间失败了的意思。"因噎废食""一噎止餐"这两个成语更偏重于因小失大的意思。比如坏人固然要防备，但坏人毕竟是少数，人不能"因噎废食"，不能为了防备极少数坏人连朋友也拒之门外。我们在使用这些成语时要注意区分。

"半途而废"的反义词有"坚持不懈""持之以恒""锲而不舍"等。

应用说例

唐代姚思廉《梁书·徐勉传》："况夫名立宦成，半途而废者，亦焉可已已哉！"明代徐畛《杀狗记·乔行潜》："[净]是则是三人同结义。[丑]怕只怕半途而废。"清代李汝珍《镜花缘》："与其寻得半途而废，终非了局，莫若甥女自去，倒觉爽利。"姚雪垠《李自成》："不管冒多大风险，决不能使起义半途而废！"钱钟书《围城》："我鬼迷昏了头，却不过高松年的情面，吃了许多苦，还要半途而废，走回头路！"

"半途而废"指的是如果每次做事做到一半就放弃，那么我们最后肯定什么事情都做不成功，只有坚持到底，一件事情一件事情地完成，我们才能一步一步前进，在胜利的道路上越走越远。

◎ 出典寻源

◎ 解字释义

◎ 关联词语

◎ 应用说例

● **例句一**：我之所以放弃从文，并不是半途而废，而是发现自己不适合走这条路。

● **例句二**：她那时学琴，如果不半途而废，应该已有很好的成绩。

● **例句三**：作为一名医生，我会竭尽全力抢救我的病人，决不会因为病人没有足够的钱付医疗费用而半途而废，停止治疗。

◎ 出典寻源

◎ 解字释义

◎ 关联词语

◎ 应用说例

长 袖 善 舞

出典寻源

"长袖善舞"这个成语引自战国时期韩非《韩非子·五蠹》。

范雎是战国时期著名的政治家、谋略家。他是魏国人，早年家境贫寒，从小胸怀大志。他最初想为魏国建功立业，后出使齐国被魏国大夫须贾诬陷，历经磨难后辗转入秦国。

公元前266年，范雎出任秦相，辅佐秦昭王。范雎在秦国任丞相十多年，帮助秦国增强了中央的权力，巩固了政权。秦国蚕食诸侯国，实现了称帝大业。

后来，范雎举荐的将领郑安平，在攻打赵国时失败，率领两万士兵投降赵国。之后，他的亲信河东太守王稽与诸侯私通，事情败露后被处以重刑。范雎接连涉嫌其中，虽然秦昭王没有追究，但是更加小心翼翼，害怕生出事端。一天，范雎听了秦昭王一番陈词，知道自己的地位岌岌可危，既惭愧又害怕，赶紧想退身之计。于是，他借病避嫌，赋闲在家。

范雎正无计可施之时，有一位燕国人蔡泽求见。他口出狂言："燕国来客蔡泽，是天下雄辩之士。如果能见秦王一面，必定能夺取范雎的相位。"

范雎听到这番言论，就召见了蔡泽。范雎傲慢地问："你有什么谋术能夺取我的相位？"蔡泽不慌不忙地回答："您的见识不高。众所周知，君主英明、臣子正直是整个国家的福气；父亲慈爱、儿子孝顺、丈夫诚信、妻子忠贞是一个家庭的幸福。然而，正直

◎ 出典寻源

◎ 解字释义

◎ 关联词语

◎ 应用说例

的比干却不能让殷商长存，富有谋略的伍子胥却不能让吴国保全，孝敬的申生却不能制止晋国的混乱。原因在哪里？性命和名声都有的人，最上等；有名声却因触犯法律而死的人，居中等；有性命而没名声的人，最下等。秦国大臣商鞅、楚国名将吴起、越国大夫文种等人，竭尽全力为国效忠，功劳极大，没人能比得上，然而却惨遭杀戮，不能身名都保全，非常可悲。现在以您来说，盛名、功绩不如上面说的三人，然而俸禄、地位、家产却有过之而无不及。再看秦王信任您，又不如秦孝公信任商鞅、楚悼王信任吴起、越王信任文种。这个时候，若您尚且不知进退的方法，我害怕您将来的祸患比商鞅等人都要深。您为什么不归还丞相的官印，选择更贤能的人并交给他呢？"

蔡泽谈论人事、安危，深入人心。范雎一点就通。于是，他上书请奏秦昭王，盛赞蔡泽的贤能，推荐他取代自己出任丞相。范雎又将蔡泽引荐给秦昭王。蔡泽"长袖善舞"，发了一通议论，上至天文地理，下至安抚民众，秦昭王听后很满意，称赞蔡泽的才能，便拜他为客卿。范雎自称有病，辞去相位。

韩非子在其原文中有这样的话："鄙谚曰：'长袖善舞，多钱善贾。'此言多资之易为工也。""长袖善舞"的成语由此而来。

解字释义

"长袖善舞"的意思是袖子长，有利于起舞。原指有所依靠，事情就容易成功。后形容有财势会耍手腕的人，善于钻营，会走门路。

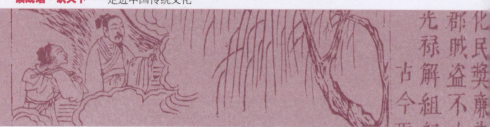

◎ 出典寻源

◎ 解字释义

◎ 关联词语

◎ 应用说例

关联词语

"长袖善舞"的近义词有"多财善贾"等。

"多财善贾"的原意是本钱多，生意就做得开，后指资本家会做买卖。不过我们要注意二者的区分："长袖善舞"比喻有财势、会耍手腕的人善于钻营，为了赚钱，可以昧着良心做事，多用作贬义；而"多财善贾"多用来夸赞有钱人善于做买卖，是一个褒义词。

"长袖善舞"的反义词有"捉襟见肘"等。

"捉襟见肘"的意思为拉一下衣襟就露出胳膊肘儿，形容衣服破烂。比喻顾此失彼，穷于应付。

应用说例

唐在礼《辛亥前后的袁世凯》："他（梁士诒）经手借款所拿的回佣数目很大，很快就成了大富翁。加上他长袖善舞，擅长运用，所以人们就给他一个'梁财神'的徽号。"冯玉祥《我的生活》："古话说'长袖善舞'，他有的是梁山泊上源源而来的资财，因此不但和徐总督拉得很好，就是王化东协统以及各标标统处，他也今日送礼，明日请客，千方百计拉拢联络。"

●**例句一**：他刚创业三年，但由于长袖善舞，经营有方，已是业界的龙头老大。

●**例句二**：在市场经济的大潮中，有的人靠诚实守信发家致富，也有的人长袖善舞，以精于钻营而风光一时。

◎ 出典寻源

◎ 解字释义

◎ 关联词语

◎ 应用说例

惩 前 毖 后

出典寻源

"惩前毖后"这个成语引自《诗经·周颂·小毖》。

周朝建立不久，武王就病故了，其子姬诵嗣位，史称周成王。当时周成王尚幼，不知如何处理朝政，便由武王之弟姬旦（即周公）辅佐，全权处理朝政。

当时，武王的两个弟弟管叔和蔡叔，都有极强的政治野心，便四处散布流言蜚语，说周公要废掉成王篡夺天下，企图制造混乱。周公听了这些流言，心中非常不安。虽然他问心无愧，但觉得自己所处的地位容易被人们猜疑，便对周成王说："大王，最近几年来我身体很不好，准备到洛阳休养一段时间。朝中的大政要事您就与众位大臣们多商议一些吧！"周成王不知道周公是为了避嫌才离开，真的以为他病了，也就十分勉强地同意了。

周公征得周成王的同意，立即动身去洛阳休养。结果没离开多久，周成王便十分思念他，尤其是在遇到难以解决的问题时，身边连个商量的人都没有。于是，成王便派人到洛阳去看望周公。

周成王的使者来到洛阳，向周公言明周成王对他的思念。回去复命时，使者对周成王说："周公身体很好，我看他没有什么病。据我了解，他是为了避免嫌疑才离开大王的。"

周成王了解了真相，马上亲自赶到洛阳，迎周公还朝处理国事。管叔和蔡叔见周公复出，知道阴谋难以得逞，索性勾结了纣王的儿子武庚公开叛乱。周公亲自统率大军平息了叛乱。

◎ 出典寻源

◎ 解字释义

◎ 关联词语

◎ 应用说例

几年后，成王长大了，周公便将大权归还给他。周成王感激周公的勤恳无私，在祭祀祖先的典礼上，念了一首诗：《小毖》。其中有一句"予其惩而毖后患"，意思就是说，要惩戒过去的错误，防止留下后患。

"惩前毖后"的成语就从这里引申而来。

解字释义

惩：警戒。毖：谨慎，小心。"惩前毖后"的意思是指将以前的错误作为教训，以后谨慎小心，避免重犯。

关联词语

与"惩前毖后"意思相近的成语有"小惩大诫"等。

"小惩大诫"的意思是有小过失就惩戒，使受到教训而不致犯大错误。"惩前毖后"与"小惩大诫"都有接受之前的教训，避免以后再犯同样错误的含义。不过，"惩前毖后"主要指把之前的过错作为教训，而没有指出是大错误还是小错误。"小惩大诫"偏重于指只要犯上一点小过错，就要遭受惩罚作为以后的教训。我们在使用时要注意区分。

"惩前毖后"的反义词有"重蹈覆辙"等。

"重蹈覆辙"的意思是说重新走上翻过车的老路。比喻不吸取教训，重犯以前的错误。《后汉书·窦武传》："今不虑前事之失，

◎ 出典寻源

◎ 解字释义

◎ 关联词语

◎ 应用说例

复循覆车之轨。"这里说的就是这个意思。

应用说例

明代张居正《答河道吴自湖计河漕》："顷丹阳浅阻，当事诸公毕智绝力，仅克有济，惩前毖后，预为事先之图可也。"蔡东藩《民国通俗演义》："唐总理（绍仪）惩前毖后，实不欲再当此任，只是需款甚急，又不好不硬着头皮，出去商办。"张鸿《续孽海花》："本会遵奉光绪二十一年五月二十六日上谕。卧薪尝胆，惩前毖后，以图保全国地、国民、国教。"

"惩前毖后"说明了这样一个道理：错误固然避免不了，但是知错就应总结经验，及时从中吸取教训，避免再次犯同样的错误，这样才能渐渐地完善自我。"惩前毖后"是一个褒义词，在结构上是连动式，可用作谓语、宾语或定语。

●**例句一**：正确的态度应当是，对于犯错误的同志，采取"惩前毖后，治病救人"的方针，帮助他们改正错误，以便于他们更好地工作。

●**例句二**：我们有了错误不可隐瞒，一定要加以分析批判，以便惩前毖后。

●**例句三**：对于犯错误的人，我们应该给予适当的惩罚，以便达到惩前毖后、治病救人的目的。

中國傳統文化

◎ 出典寻源

◎ 解字释义

◎ 关联词语

◎ 应用说例

成也萧何，败也萧何

出典寻源

"成也萧何，败也萧何"这个成语引自汉代司马迁《史记·淮阴侯列传》。

韩信是汉初的名将，发现韩信具有将才的是萧何。

韩信原来在项羽手下当一名侍卫官，不受重用，便投奔刘邦。开始刘邦只派他做一名管军粮的小吏。萧何偶然与韩信谈了一次话，发现他才能出众，胸怀韬略，是难得的人才，便想要举荐他。在此期间，韩信见刘邦长期不理睬他，感到失望，就逃走了。萧何发现韩信走了，连夜追赶，总算把韩信追了回来。

刘邦对萧何的行为不理解，问："逃跑的将士有几十个，你不去追，为什么就追韩信一人？"

萧何向刘邦解释："逃走几个将领没什么要紧，还可以招来。可是韩信是天下无双的将才，你想将来与项羽争夺天下，非需此人不可呀！我劝你快下决心任用韩信吧！"

"好吧，我叫他做将军！"刘邦听信了萧何的话。

可萧何却不满意，说："做将军？不行，不行，这样留不住他，大材小用啊！"

"那就任命他为大将军，怎样？"刘邦说，"派人把韩信叫来吧！"

"不行，不行，"萧何焦急地说，"你总是那样轻慢无礼，既要封他大将军，怎么能像招呼小孩子那样呢？你要选择一个吉利日

◎ 出典寻源

◎ 解字释义

◎ 关联词语

◎ 应用说例

子，带上礼物，举行盛典，郑重其事地任命他为大将军，韩信才会心悦诚服，全军将士也才会服从于他！"刘邦依从。

韩信后来为刘邦出谋划策，率兵征战，屡建奇功，协助刘邦统一天下，建立了汉朝。

刘邦做了皇帝以后，对韩信很不放心，担心他会谋取自己的皇位，就借故解除了他的兵权。韩信也觉得自己受人怀疑不受信任，不如反叛。韩信和陈豨秘密结为同盟，相约起事。韩信的密谋让吕后知道了。吕后找萧何商量，萧何想出一条计策，叫人去通知韩信，说有人刚从刘邦那里来，因陈豨已被诛灭，朝廷要庆贺一下，请韩信务必到场。

韩信没有料到这是一个骗局，他刚入宫，就被武士捆绑住，并被拉进长乐宫的钟室斩首了。

韩信能为汉朝建立功勋，是与萧何的举荐分不开的；韩信最后失败被杀，又是与萧何分不开的。"成也萧何，败也萧何"的成语就来自于这一历史故事。

解字释义

"成也萧何，败也萧何"的意思是指成功或失败、好事或坏事都归因于同一个人（同一物）之上。后来也指让其成功和失败的是同一个原因。

◎ 出典寻源

◎ 解字释义

◎ 关联词语

◎ 应用说例

关联词语

　　提到"成也萧何，败也萧何"，我们很自然地联想到"成事不足，败事有余"这个词，意思是说不能把事情办好，却准能把事情办糟。指人的才德不足，容易坏事。日常生活中人们常用"成事不足，败事有余"这句俗话来比喻那种不仅办不成事，反而还捅娄子的人。"成也萧何，败也萧何"与"成事不足，败事有余"都是指一个人或者一件事起到决定作用，前者指的是一件事的成功或者失败都寄托于一个人或一件事之上，后者指的是某个人注定一事无成。

应用说例

　　宋代洪迈《容斋续笔·萧何绐韩信》："韩信为人告反，吕后欲召，恐其不就。乃与萧相国谋，诈令人称陈豨已破，绐信曰：'虽病强入贺。'信入，即被诛。信之为大将军，实萧何所荐，今其死也，又出其谋。故俚语有'成也萧何，败也萧何'之语。"元代无名氏《赚蒯通》："这非是我成也萧何，败也萧何，做恁的反覆勾当。"蔡东藩《民国通俗演义》："成也萧何，败也萧何，吾当以此语转赠袁公（世凯）。"刘绍棠《乡女》："成也萧何，败也萧何，媒人竟是那个嘴上长疔的长舌妇。"

　　"成也萧何，败也萧何"教给我们事情成功与失败的决定性因素很可能是同一个，必须恰当把握。当然，我们要想做这个决定

◎ 出典寻源

◎ 解字释义

◎ 关联词语

◎ 应用说例

成败的关键人物"萧何"，也要具备一定的能力。我们在学校里，所有人的起点都是一样的，为什么学习能力和学业成绩却有高下之分呢？这就需要自己用心想想了。

●**例句一**：所谓成也萧何，败也萧何，生产的发展、经济的繁荣给我们带来了幸福的生活，同时也可能使辖区环境污染程度加重，对这样的问题，我们应该给予足够的重视。

●**例句二**：有的同学为了提高学习成绩，参加了许多课外补习班，也许他的某些科目成绩是上去了，但身体垮下来了，与其说是成也萧何，败也萧何，还不如说是得不偿失更为恰当。

中國傳統文化

◎ 出典寻源

◎ 解字释义

◎ 关联词语

◎ 应用说例

重蹈覆辙

出典寻源

"重蹈覆辙"这个成语引自南朝刘宋范晔《后汉书·窦武传》。

东汉之初，外戚把握朝政，皇权极度衰微。皇帝不得不倚仗身边的宦官打击外戚的势力。后来，汉桓帝和宦官单超等人秘密合谋，最终一举歼灭了外戚大将军梁冀一伙。然而，这些宦官竟然快速地发展成政治集团，并且不断地扩张自己的势力，东汉自此由外戚专权变为宦官专权。当时，朝廷耿直的官僚、在野的名士以及京师的太学生凝聚在一起，视专权的外戚与宦官为最大的敌人。这些人有见识、有文化，不害怕承担风险，不畏惧豪强高官，不时对时政有所评价，而且一出口必尖锐深刻，尤其是在野的名士与太学生总是联名请愿，对朝政出谋划策。

当时的李膺是一个饱学之士，满腹经纶，而且能够带兵打仗，曾经为司徒胡广所看中，历任青州刺史与渔阳太守、司隶校尉等官职。李膺时任司隶校尉时，依旧执法不畏强权。当时被桓帝所宠信的宦官张让的弟弟张朔担任野王令，倚仗他哥哥的权势，烧杀抢掠，无恶不作，甚至杀害孕妇取乐，其行为令人发指。后来他畏罪潜逃到京师张让家，藏在"合柱"中。李膺闻讯亲自带人直接走进张宅，破柱捕捉张朔，经过审讯录供后，快速将其处死。

李膺坚持不懈地严厉打击横行霸道的宦官势力，这种行为招致宦官的忌恨。后来，宦官倚仗自己的权势，竟然诬告李膺等人任意诋毁朝廷，把他们尽数逮捕，这次遭受牵连的有数百人。

中國傳統文化

◎ 出典寻源

◎ 解字释义

◎ 关联词语

◎ 应用说例

当时的窦武是桓帝皇后的父亲，他对宦官专政极度不满。他给桓帝上书，痛诉宦官种种天灭地诛的恶行，为李膺等申诉冤屈。窦武在奏章中写道："今不虑前事之先，复循覆车之轨，臣恐二世之难，必将复及，赵高之变，不朝则夕。"意思是说，"假若现在再不吸取过去宦官专权祸国殃民的教训，再次走上翻车的老路，唯恐秦二世覆灭的灾难就会再一次重演，如赵高发动的那种事变，早晚会出现。"桓帝看完窦武的奏折，最终下令将李膺等人全部释放，不过却将他们终身禁锢，使其终生不可以再担任任何官职。

后来，窦武的"循覆车之轨"的警言即被引申为"重蹈覆辙"的成语。

解字释义

蹈：踏上。覆：翻车。辙：车轮压过的痕迹。"重蹈覆辙"的原意是再次走上翻车的老路，后来比喻不吸取以前失败的教训，犯同样的错误。

关联词语

"重蹈覆辙"的近义词有"故态复萌"等。

"故态复萌"的意思是指旧的习气或毛病等又出现了。"重蹈覆辙"与"故态复萌"都是指再次犯了以前的错误，即"一个泥潭掉进去两次"。不过，"重蹈覆辙"主要指代因不吸取教训，再

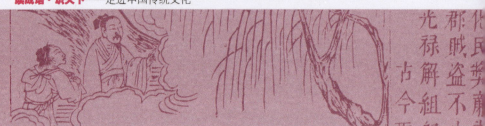

◎ 出典寻源

◎ 解字释义

◎ 关联词语

◎ 应用说例

次犯同样的错误；而"故态复萌"主要指代以前的坏毛病再一次出现。从程度上而言，"重蹈覆辙"没有吸取的教训更深刻一点。

"重蹈覆辙"的反义词有"前车之鉴"等。

"前车之鉴"即指前面的车翻了，后面的车引以为戒。比喻前人或以前的失败，后人可以作为教训。

应用说例

宋代陈东《上高宗第一书》："前日之祸，正坐朝廷主议不定，用人不专，狐疑犹豫，遂致大变；今岂可更蹈覆辙？"谷苇《柯灵速写》："'后之视今，亦犹今之视昔，前人的辛苦跋涉，是为后人识途的轨迹。'这是一个'过来人'的话，语重心长，要紧的还是，后人不要重蹈覆辙。"

"重蹈覆辙"主要用作谓语、宾语，多用于劝说、希望和警告的场合，含贬义。"重蹈覆辙"这个成语警示人们：失败并不可怕，可怕的是不能从中吸取教训，再犯同样的错误。

● 例句一：对于以前犯过的错误，我们不要重蹈覆辙，而应引以为戒。

● 例句二：遭遇过挫折和失败的人，最重要的是调整好自己的心理状态，下定决心不再重蹈覆辙，这样可以减轻焦虑，并且让你对事态发展更有掌控感。

中國傳統文化

◎ 出典寻源

◎ 解字释义

◎ 关联词语

◎ 应用说例

出人头地

出典寻源

"出人头地"这个成语出自宋代欧阳修《欧阳文忠公集·书简·与梅圣俞书》。

北宋初年，文坛弥漫着追求形式、讲究声律、堆砌辞藻而忽视思想内容的风气。以欧阳修为首的文坛有识之士，对这种文坛逆流特别不满，决心纠正这股歪风，但是他们的力量太过薄弱，很难形成气候。

宋仁宗时，朝廷任命韩琦为宰相，包拯为御史中丞，欧阳修为翰林院大学士。后人评论这次任命是真宰相、真御史、真学士，简称为"三真"。此时，欧阳修想从根本上扭转文坛恶习的决心更加坚定了。

公元 1057 年，年仅二十岁的苏轼和弟弟苏辙跟随父亲苏洵，千里迢迢从眉州眉山赶到汴梁参加进士考试。欧阳修以翰林院大学士的身份出任这次主考。当考试结束判卷时，他将那些追求时髦的华丽文章全都弃置一边，只留心内容充实、语言简洁流畅、气势生动的考卷。他一份份地阅读着考生们的试卷，时而为那流动的意韵、生动的文笔所打动，时而为那龙飞凤舞的字迹而赞叹，但更为那些华而不实、空洞无物的文章而皱眉。

当欧阳修阅读到苏轼的《刑赏忠厚之至论》时，心情十分激动，不禁拍案叫绝。犹如久旱的禾苗逢甘霖，恰似流落他乡遇到最知己的友人。苏轼的文章气势咄咄逼人，立论雄辩，不容驳诘；

◎ 出典寻源

◎ 解字释义

◎ 关联词语

◎ 应用说例

语言生动流畅，大有一泻千里之势；其书法也如行云流水一般。欧阳修高兴得自言自语道："好文章，好气势，好书法，这位苏轼真是难得的人才，将来必是国家的栋梁！"

于是，苏轼很顺利地通过了这次考试，被取为进士。随后，苏轼带上几篇文章去欧阳修那里求教。欧阳修见到苏轼，一面向他祝贺，一面接过苏轼呈上的文章。他一口气把文章读完，更加欣赏苏轼的才华，便与他细细地谈起国家大事、文坛掌故，特别谈到文坛上西昆诗体的不良影响。他们一拍即合，谈话非常投机。

送走苏轼，欧阳修按捺不住自己的喜悦心情，便挥笔给梅尧臣（字圣俞）写信，倾吐自己欣赏锦绣文章的喜悦。他在信中写道："读轼书，不觉汗出。快哉，快哉，老夫当避路，放他出一头地也。"这意思就是说："读了苏轼的文章，不觉流汗，痛快极了，我应该给他让路，让他高出一头。"成语"出人头地"即由欧阳修"放他出一头地"的句子引申而来。

就是这位被欧阳修发现的苏轼，中进士后不久便做了地方官，不仅为百姓做了许多好事，他的许多诗、词、散文也成为后代人们传诵的千古佳作。

解字释义

"出人头地"指的是高人一等，超出一般人。用来指某人在某方面做得比其他人优秀。

◎ 出典寻源

◎ 解字释义

◎ 关联词语

◎ 应用说例

关联词语

"出人头地"的近义词有"高人一筹"等。

"高人一筹"指的是比一般人高出一个筹码，即指胜过别人。"出人头地"与"高人一筹"都是指超出一般人，或者比普通人聪明一点。不过"出人头地"多用来指代穷人家的孩子经过数十载寒窗苦读，之后通过考试或者坚持不懈的奋斗，获得了大多数人的认可及有利的社会地位，带给家人荣誉或者好生活。而"高人一筹"则适用于所有人，指在某项技能上超过一般人，获得一定的成就。

"出人头地"的反义词是"低人一等"等。

"低人一等"指的是比别人低一级，多指社会地位低下。

应用说例

唐人《金陵春梦》："蒋介石急于出人头地，攫取大权，眼见国民政府和中央党部中没有他的份儿，心里不免又气又急。"王蒙《青春万岁》："我们高三同学，为全校之首，即使不能出人头地，也不该如此落后。"司马文森《风雨桐江》："大林从小就聪明懂事，眼见家境凄凉，又深受他父亲'读书成器'的影响，也决心做个出人头地的、顶天立地的男子汉。"

"出人头地"不能写作"出人投地"。"出人头地"有时会被误记作"出头露面"，这两个成语的含义有很大的区别："出人头地"

中國傳統文化

◎ 出典寻源

◎ 解字释义

◎ 关联词语

◎ 应用说例

着重指学业或事业超出常人，"出头露面"则指"在公共场面出现"或"出风头"等。

● **例句一**：父母们都期望自己的子女能够出人头地，很多年轻人都带着父母的期许在外面努力工作。

● **例句二**：杜月笙曾经是上海滩浪迹街头的"小瘪三"，一直想着出人头地，后来靠投机钻营，成为了呼风唤雨的青帮帮主。

● **例句三**：我们当代青少年的理想不在于出人头地，而在于有所作为。

中国专克文化

出奇制胜

◎ 出典寻源

◎ 解字释义

◎ 关联词语

◎ 应用说例

出典寻源

"出奇制胜"这个成语引自《孙子·势篇》，而较经典的故事来自汉代司马迁《史记·田单列传》。

战国时期，燕昭王派大将乐毅攻齐。五年之间，燕军接连攻下齐国七十余城，最后只剩下即墨还在齐人手中。

齐国人田单精通兵法，足智多谋。开始的时候他在齐国的临淄当一名小吏，没有引起人们的注意。当乐毅率燕军攻入齐国时，他逃往安平（山东临淄东），让家人把车轴两端的突出部分锯掉，在轴头包上铁皮。不久，安平又被燕军攻破。齐人争先恐后出城逃亡，路上拥挤不堪，许多车子的轴头都被撞断，很多齐人都当了燕军俘虏。唯有田单家的车子，因为经过改装加固，安全地逃到了即墨城。这时，乐毅又将即墨团团围住，即墨大夫战死，守军就推举田单为将军，领导即墨的抗燕斗争。

公元前279年，燕昭王去世，燕惠王即位。惠王当太子的时候，与乐毅曾有过隔阂，彼此成见很深，又受到田单所放的流言影响，便立即派大将骑劫接替乐毅的职务，调乐毅回国。

乐毅被无故召回后，燕军士气十分低落。田单接着派遣人员混进燕军内部，又散布流言说道："齐军最担心的是被燕军割下鼻子，若是燕军进攻时，将被割去鼻子的齐兵俘虏摆在阵前，那么即墨城必然不攻自破。"

骑劫听说后，果然中计，将一些俘虏的齐兵割去鼻子摆在阵

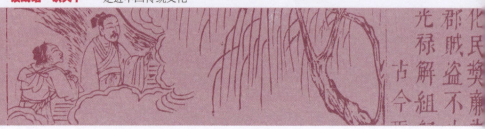
◎ 出典寻源

◎ 解字释义

◎ 关联词语

◎ 应用说例

前。守城的齐兵望见自己的同胞被残忍地割去鼻子，十分气愤，他们很担心被燕军俘虏，守城的意志便更为坚决。紧接着，田单再次派人散布流言说："我们最担心燕国人挖掘我城外的祖坟，蹂躏我们的祖先，我们每时每刻都提心吊胆。"燕国人不知是计，于是将城外所有的坟墓都挖开，将尸骨有意堆在一起焚烧。即墨全体军民目睹燕军对自己祖先的暴行，每个人都咬牙切齿，纷纷要求和燕军决一死战。

田单看到齐兵的士气高昂，又使用骄兵之计，使燕军战斗意志更加松懈。

一切准备就绪，这天深夜，齐军向燕军发起大规模进攻。田单将城里的上千头老牛集中起来，给它们身穿大红色的衣裳，上面画满五颜六色的蛟龙图案，再在牛角上绑上锋利的尖刀，尾巴上绑着浇满了油的芦苇，之后一起点着火，把牛自暗中凿穿的几十个城墙洞口赶了出去，并派遣五千精兵紧紧跟随在牛群后面。很快，牛的尾巴燃烧起来了，牛怒气冲天，嘶吼着直往前面燕营奔去。朦胧的月光下，燕国大军被这突如其来的怪物吓得惊慌失措。跟在牛群身后的五千名齐兵无声无息地冲入燕营，开始了勇猛的厮杀。齐军接着在城楼上擂起战鼓，一齐发起一片惊天动地的喊杀声。燕军没有一点思想准备，突然地遭受到如此猛烈的袭击，很快便溃不成军。齐兵趁乱将燕将骑劫杀死，燕军失去了主帅，顿时变成惊弓之鸟，四处逃散。田单率领士兵奋力追击，一路顺利收复失地，将被燕军占领的七十多座城池尽数收回。很快，田单再次拥立襄王为齐君，并被襄王赐封为安平君。

◎ 出典寻源

◎ 解字释义

◎ 关联词语

◎ 应用说例

《孙子·势篇》记载："凡战者，以正合，以奇胜。故善出奇者，无穷如天地，不竭如江河。"这意思是说，用兵作战，总是以正兵当敌，以奇兵取胜。所以，善于出奇制胜的人，其战术变化，像天地万物那样无穷无尽，像江河之水那样涌流不断。"出奇制胜"的成语就引自于这个典故。

解字释义

奇：奇兵、奇计。制：制伏。"出奇制胜"指的是用奇兵、奇计制伏敌人，取得胜利。比喻用出人意料的办法取胜。

关联词语

与"出奇制胜"意思相近的成语有"克敌制胜""旗开得胜"等。

"克敌制胜"指的是打败敌人，取得胜利。"旗开得胜"的意思是刚一展开旗帜进入战斗，就取得了胜利。比喻事情刚一开始，就取得好成绩。"出奇制胜"与"克敌制胜""旗开得胜"都有打败敌人，取得胜利的意思。不过，"出奇制胜"主要是指利用计策在敌人薄弱的地方发起进攻，从而取胜，主要指代计策的高超。"克敌制胜"重在打败敌人，取得胜利；"旗开得胜"重在神速地取得胜利。

"出奇制胜"的反义词有"损兵折将""一败涂地"等。

◎ 出典寻源

◎ 解字释义

◎ 关联词语

◎ 应用说例

"损兵折将"的意思是军士和将领都遭到损失，指打了败仗。"一败涂地"用来形容失败到了不可收拾的地步。

应用说例

唐代陆贽《论替换李楚琳状》："楚琳卒伍凡才，厮养残品，因时扰攘，得肆猖狂，非有陷坚殪敌之雄，出奇制胜之略。"郭沫若《相见以诚》："尽管你是怎样善于用兵的人，你能够出奇制胜，但总要有兵可用。"《老舍剧作选·序》："在春光明媚、百花争艳的境界中，我怎能不高兴，不想出奇制胜呢？"

"出奇制胜"这个成语的语法是连动式，主要用作谓语、宾语、定语，含褒义，用于军事或与其类似的行动。出奇制胜有两种意思：一是用奇兵、奇计制伏敌方，取得战斗胜利。二是用出人意料的方法压倒别人，取得优势。

●例句一：我们的化学老师出奇制胜，想出了一个新鲜花样，用不同的物质做书写材料出了一期黑板报，板报颜色根据光线不同会发生变化，让同学们看了觉得很新奇。

●例句二：这一局我兵行险着，出奇制胜，但下一局恐难再有这样好的机会了。

◎ 出典寻源

◎ 解字释义

◎ 关联词语

◎ 应用说例

摧枯拉朽

出典寻源

"摧枯拉朽"这个成语出自东汉班固《汉书·异姓诸侯王表》。典故则引自唐代房玄龄等《晋书·甘卓传》。

故事讲的是东晋永昌元年，镇东大将军王敦兴兵反叛朝廷。起兵时，王敦曾劝说当时的安南将军、梁州刺史甘卓同往。甘卓迫于王敦的淫威答应下来，但到了出发那天，甘卓却没有到，只派了一个名叫孙双的参军到武昌来，反劝王敦不要反叛。王敦故作惊讶，对孙双说："甘将军没有明白我上次和他谈论的意思吗？此番发兵，只是去清除皇帝周围的坏人，绝无他意。"孙双回禀甘卓，甘卓仍然拿不定主意。

这时，湘州刺史司马承派主簿邓骞来到襄阳，动员甘卓忠于朝廷，讨伐王敦。甘卓的另一个参军李梁极力奉劝甘卓伺机而动：如果王敦取胜，他必将重用甘卓；如果王敦不胜，朝廷也会重用甘卓，让他起兵平乱。这样，无论哪一方取胜，甘卓都没有亏吃，只会得到好处，因此不能轻易兴兵决战。

邓骞反驳李梁，指出如果甘卓脚踩两只船，必招祸患。邓骞分析说："王敦兵马不过万余，守卫武昌的不足五千；甘卓的军队二倍于敌，进军武昌定能取胜。"

邓骞又说了一段意味深长的话，原文是这样的："溯流之众，势不自救，将军之举武昌，若摧枯拉朽。"意思是说："逆流而上的敌人，奋力划船以保不翻船还来不及呢。将军您进军武昌就像

◎ 出典寻源

◎ 解字释义

◎ 关联词语

◎ 应用说例

毁灭枯草、折断烂木头一样轻而易举。"可是甘卓仍然犹豫不决。

结果王敦挥师东下，见甘卓不来响应，又派参军乐道融去襄阳，进一步劝说甘卓起兵。不料乐道融并无反叛之意，反而劝甘卓起兵讨伐王敦。甘卓这才下定决心，调兵遣将，攻打王敦占据的石头城。王敦得知甘卓率军前来讨伐，惊恐万状，急派甘卓的侄儿面见叔父，请求和好。都尉秦康劝说甘卓要忠于朝廷，切莫姑息养奸。但是，甘卓年老多疑，优柔寡断，不听秦康的正确意见，竟然回师襄阳了。后来，襄阳太守周虑等人与王敦勾结，将甘卓暗害了。

甘卓本可以轻而易举地消灭王敦，结果由于他的优柔寡断，反被王敦暗算了。

解字释义

摧：破坏。枯：枯草。拉：折断。朽：朽木。"摧枯拉朽"的意思是摧毁枯草，折断朽木。敌人如朽木枯草，能轻而易举地摧毁。比喻腐朽势力或陈旧事物非常容易被破坏掉。

关联词语

"摧枯拉朽"的近义词有"所向无敌""势如破竹"等。

"所向无敌"形容力量强大，无往不胜。"势如破竹"的意思是形势的顺利发展就像劈竹子，头上几节破开以后，下面各节顺

◎ 出典寻源

◎ 解字释义

◎ 关联词语

◎ 应用说例

着刀势也就分开了。比喻作战或工作节节胜利，毫无阻碍。

"摧枯拉朽"和"势如破竹"都能用来形容不可抵挡的气势和很顺利地摧毁敌人的势力。但"摧枯拉朽"也强调毫不费气力，用于比喻打垮腐朽势力速度很快；"势如破竹"只强调节节胜利，不可阻挡，该词适用范围广，可用于形容军事或比赛之势，还可用于形容工作。

"摧枯拉朽"的反义词有"坚不可摧"等。

应用说例

《汉书·异姓诸侯王表》："镌金石者难为功，摧枯朽者易为力，其势然也。"《晋书·甘卓传》："将军之举武昌，若摧枯拉朽，何所顾虑乎。"杨沫《青春之歌》："你应当做摧枯拉朽的迅雷闪电，而不要做——做'孔老二'的徒弟！"萧乾《一个乐观主义者的独白》："我时常在黎明时分揉着眼睛看大样，从一个战役到一个战役中，看到旧势力的摧枯拉朽，看到人民力量的壮大兴旺。"郭沫若《甲申三百年祭》："这军事，真如有摧枯拉朽的急风暴雨的力量。"高缨《云崖初暖》："同样是天堑所阻，重山相困，前当大敌，后有追兵，但英雄的红军……坚持了正确的军事路线和民族政策，摧枯拉朽，劲敌望风丧胆。"

"摧枯拉朽"有三层意思：一是指摧毁腐朽或非常弱小的事物，二是形容腐朽或非常弱小的事物很容易被摧毁，三是形容摧毁的力量强大，不可阻挡。现代多用于比喻轻易地摧毁腐朽或非

◎ 出典寻源

◎ 解字释义

◎ 关联词语

◎ 应用说例

常弱小的势力或事物。

●**例句一**：世界杯小组赛上，德国队凭借强大的实力如摧枯拉朽般击败了一个个对手。

●**例句二**：1949年4月20日夜，人民解放军发起渡江战役，百万雄狮以摧枯拉朽之势迅速摧毁国民党军的长江防线，胜利渡过长江，并占领国民党政府的老巢南京。

◎ 出典寻源

◎ 解字释义

◎ 关联词语

◎ 应用说例

大功毕成

出典寻源

"大功毕成"这个成语引自东汉班固《汉书·王莽传》。

西汉末年，外戚把持朝纲。汉元帝的皇后有一个侄子名叫王莽，先后被赐封为新都侯、安汉公，权倾一时。

有一天，王莽突然上奏朝廷，提议效仿周公建造明堂、辟雍、灵台，集中天下学者讲学与著作。其目的昭然若揭，无非是想借此抬高自己的身价，将自己比作周公。当时王莽也的确为那些求学与研究学问的人盖了很多房屋，提供一些必要的物资与设备，并建立很多相应的制度，配置了有一定专长的老师，广泛集聚天下各类书籍。对于那些有独特本领的人，他则用公府车马把他们邀请来。如此一来，先后被网罗到这里的各种人才多达几千人。这些人到了之后，王莽便让他们按自己的意思著书立说，并篡改对他有所不利的那些"异端邪说"。

为了讨好王莽，不少见风使舵的大臣纷纷上书说："当年周公辅助朝政，制定制度尚且耗费七年之久，后来明堂遭遇毁坏，雍灵台也已倒塌，之后上千年也没有人重新兴建。如今安汉公辅佐陛下，不过四年时间，功德就十分突出了。"

此事，《汉书·王莽传》的原文这样记述："十万众并集，平作二旬，大功毕成。"意思是说，王莽又聚集各地书生乃至平民百姓达十万多人，书写诗文为他歌功颂德，历经近二十天的全力写作，这些诗文才最终完成。自此之后，王莽的野心逐渐增大：首

◎ 出典寻源

◎ 解字释义

◎ 关联词语

◎ 应用说例

先是毒死汉平帝，以"周公"自命。后来干脆自己称帝，改国号为"新"。不过，十几年之后，他又被赤眉、绿林等农民起义军所杀。

"大功毕成"的成语就引自于这一典故。

解字释义

功：事业，功业。毕：结束、终止。成：完成。"大功毕成"的意思是巨大的工程、事业或艰巨的任务已经宣告完成。

关联词语

"大功毕成"的近义词有"大功告成""大功垂成"等。

"大功毕成"指大工程或任务已经或将近完成和成功。"大功告成"指的是巨大的事业或重要的任务宣告完成，它与"大功毕成"可以通用，两者的意思一样。"大功垂成"指的是接近完成或成功。尽管该词也有大工程完成的意思，只不过，它是接近于完成，注意与"大功毕成"的区别。

"大功毕成"的反义词有"功败垂成"等。

"功败垂成"的意思是指事情接近成功的时候却遭到了失败。

应用说例

"大功毕成"也作"大功告成"。

◎ 出典寻源

◎ 解字释义

◎ 关联词语

◎ 应用说例

徐铸成《报海旧闻》:"他到香山去,又以同样的手法,取得了唐绍仪的签字,然后大功毕成,转道回北京复命。"清代文康《儿女英雄传》:"这件事可就算大功告成了。"

"大功毕成"在用法上作谓语、宾语、定语,指顺利地完成。

●例句一:经过诸位四十多天的努力,这个工程终于大功毕成。

●例句二:我们参加全市学生运动会,夺得竞赛成绩第一名,真是大功毕成,该好好庆贺一下。

◎ 出典寻源

◎ 解字释义

◎ 关联词语

◎ 应用说例

东山再起

出典寻源

"东山再起"这个成语引自南北朝刘宋刘义庆《世说新语·排调》。

谢安，字安石，东晋名士，陈郡阳夏（今河南太康），年少时候以清谈闻名乡里。初次做官仅月余就辞职归去，之后就长期隐居在会稽郡山阴县东山的别墅里，经常和王羲之、孙绰等人吟诗作画，游山玩水，只担负着对谢家子弟的教育重任。朝廷几次试图召唤他做官，都被他婉拒了。有人慨叹说："谢安不出山，让天下人怎么办啊！"

谢安四十多岁时，谢氏家族的朝中人物尽数逝去，他这才从隐居的东山出来做官。他气度宽宏，性格冷静，即使在危及性命的紧要关头，仍然能与平时一样，泰然处之。有两件事很好地表现了他的这一性格。

有一天，他与隐士孙绰结伴到海上游玩，忽然风起浪涌，小船随着大浪上下沉浮颠簸。船上的人唯恐船翻人亡，一个个吓得面如土色，只有谢安稳如泰山，依然饮酒赋诗。船夫以为他喜欢风浪，便继续向深海划去。这时谢安不紧不慢地说："还往前行，我们能安然返回吗？"

船夫听了，立即掉头。同船的人皆非常佩服谢安的沉着镇静。

另一件事发生在晋文帝病故后。当时，权臣桓温企图篡夺帝位自立。他在新亭的军帐设酒宴款待王坦之和谢安。其实这是个

中国传统文化

◎ 出典寻源

◎ 解字释义

◎ 关联词语

◎ 应用说例

"鸿门宴"，桓温在帐外埋伏下刀斧手，准备在席间杀死王坦之和谢安。

王坦之见手执利刃的刀斧手就要杀出，不禁惊慌失措，吓得冷汗湿衣；谢安则处变不惊，谈笑风生，饮酒依然，他对王坦之说："晋室江山的存亡，就在我们这次会见啊！"他用话开导了桓温，最后竟劝止了桓温的叛乱。

后来前秦侵略东晋，谢安作为东晋一方的总指挥，在淝水之战中以八万兵力打败了号称百万的前秦军队，致使前秦一蹶不振，为东晋赢得几十年的安静与和平。谢安的声名也越来越响，被推崇为江左"风流第一"。

《世说新语·排调》中记载，"谢公（谢安）在东山，朝命屡降而不动。后出为桓宣武（温）司马，将发新亭，朝士咸出瞻送，高灵（崧）时为中丞……"戏曰，"卿屡违朝旨，高卧东山，诸人每相与言：安石不肯出，将如苍生何！今亦苍生将如卿何！"据此，后来引申出"东山再起"这个成语。

解字释义

"东山再起"的原意指有声望的人隐退后复出任职，现比喻失势或失败后重新恢复力量再干。

关联词语

"东山再起"的近义词有"卷土重来""重整旗鼓"等。

◎ 出典寻源

◎ 解字释义

◎ 关联词语

◎ 应用说例

"卷土重来"多用来比喻失败之后，恢复势力，重新起事。"重整旗鼓"比喻失败之后，整顿力量，准备再干。要注意区分"东山再起"重在重新兴起，"重整旗鼓"重在重新积聚力量。

"东山再起"的反义词有"一蹶不振"等。

"一蹶不振"的意思是说一跌倒就再也爬不起来。比喻遭受一次挫折以后就再也振作不起来。

应用说例

"东山再起"也可以作"东山复起"。

唐代杜甫《暮秋枉裴道州手札率尔遣兴寄递呈苏涣侍御》："无数将军西第成，早作丞相东山起。"清代蒲松龄《为韩樾老祭念东先生文》："乃一旦征书交迫，不听其熙世之高春，东山再起，补秩司农，不修幅于衫履，寄大隐于朝中。"清代文康《儿女英雄传》："一面藏器待时，或者圣恩高厚，想起来还有东山再起之日，也未可知。"《李宗仁回忆录》："惟近来吴佩孚乘张作霖、冯玉祥互战于天津一带，遂东山再起，自称讨贼联军总司令，整训所部，又成劲旅。"

"东山再起"原本的意思是指（隐退后重新）出山为官，现在广泛地用来表示失败或失势后重新再干。在用法上是主谓式，作谓语、定语，用于人而不用于物，含褒义。"东山再起"告诉我们这样一个道理：每个人都会经历挫折和失败，只要你不气馁，鼓起勇气，重整旗鼓，成功就会重新属于你。

◎ 出典寻源

◎ 解字释义

◎ 关联词语

◎ 应用说例

●**例句一**：别瞧不起他的实力，只要他重新调整好状态，付出加倍的努力，就一定能够东山再起。

●**例句二**：我们的球队俱乐部虽然经营得有点入不敷出，球队的成绩也大不如前，但是只要有球迷的支持，我们一定加倍努力，尽快实现东山再起。

▶ 40

◎ 出典寻源

◎ 解字释义

◎ 关联词语

◎ 应用说例

独占鳌头

出典寻源

"独占鳌头"这个成语出自元代大食惟寅《双调·燕引雏·奉寄小山先辈》。其词云："词林谁出先生右？独占鳌头。诗成神鬼愁，笔落龙蛇走。"

其典故引自清代问竹主人、入迷道人《三侠五义》。

宋仁宗时，经包拯提议加试恩科。这加试恩科的文书发到湖广，消息传到了湖广武昌府江夏县南安善村的范仲禹耳中。他虽是个有学问之人，却家道艰难，勉强糊口度日。

范仲禹得知了加试恩科的消息后，回到家中就显得郁郁寡欢。他对妻子说道："今天我与同窗会聚，只见他们一个个装束行李，预备起程到京都参加恩科考试。他们说，假若我也到京赴考，肯定是鳌头独占，状元非我莫属！而我们家实在是太过于贫穷了，怎么会有钱够让我进京赶考呢？所以我只能暗自叹息了。"《三侠五义》第二十三回中，记录了范仲禹的同窗曾对范说过的话："我们尚要前去赴考，何况范兄呢。若范兄到京时，必是鳌头独占了。"

后来，范仲禹在老朋友刘洪义的资助下来到京都，十分顺利。包拯当主考官，公正无私。范仲禹连考了三场，很是满意。最终范仲禹果然不负众望，高中状元。

◎ 出典寻源

◎ 解字释义

◎ 关联词语

◎ 应用说例

解字释义

鳌头：宫殿门前石阶上的巨鳌浮雕。科举考试时考中的进士要到宫殿台阶下迎榜，按规定状元要跪在前面，正好是飞龙巨鳌浮雕的头部位置，故称中状元为"独占鳌头"。现在泛指居于首位或者获得第一。

关联词语

"独占鳌头"的近义词有"首屈一指""无出其右""名列前茅"等。

"首屈一指"的意思是扳指头计算时，首先弯下大拇指，表示第一，指居第一位，后引申为最好。"无出其右"的原意是没有人能出现在其右边。古人以右为尊，"无出其右"即引申为没有人能超过他。"名列前茅"则比喻名次列在前面。

"独占鳌头"和"名列前茅"两者都有位居前列的意思，但有区别：一是意义不同。"独占鳌头"明确指明占居第一名；"名列前茅"没有明确指明位居第一，而是笼统地说明位置在前。二是用法不同。"独占鳌头"一般仅用于考试或竞赛，适用范围较小；"名列前茅"则适用范围较大。此外，"名列前茅"结构较松散，中间可嵌入其他词语；"独占鳌头"则不行。

"独占鳌头"的反义词有"名落孙山"等。

孙山是人名，是特指录取榜上的最后一个名字。"名落孙山"

◎ 出典寻源

◎ 解字释义

◎ 关联词语

◎ 应用说例

意即名字落在孙山的后面，形容考试或选拔没有被录取。

应用说例

明代谢谠《四喜记·乡荐荣欢》："一战胜群贤，独占鳌头高选。"秦纪文《再生缘》："这张画里面，我暗藏蟾宫折桂之意，要想去独占鳌头夺状元，一定要画站着，坐着就不像了。"唐浩明《曾国藩·黑雨》："萧锦忠独占鳌头，实为湖南省、为长沙府挣得莫大的脸面。"

"独占鳌头"亦作"鳌头独占"。宋代黄判院《满庭芳·寿黄状元》："登瀛，平步上，鳌头独占，头角轩昂。"明代崔时佩、李景云《西厢记·金兰判袂》："弃却文种就武科，鳌头独占，听传胪，今朝得遂平生愿。"

●例句一：小宇每次考试都是独占鳌头，因而受到学校师生的一致表扬。

●例句二：在学习的过程中，并非只有考试时独占鳌头才能证明自己学到多少知识，有时候学习的方法远远比学习本身重要得多。

◎ 出典寻源

◎ 解字释义

◎ 关联词语

◎ 应用说例

成语小游戏

一、根据题意选成语

前呼后拥　　左右开弓　　南征北战　　左右为难

左邻右舍　　前仰后合　　里应外合　　字里行间

1. 双手都能拉弓射箭。比喻两只手轮流做同一动作或同时做几项工作。　　　　　　　　　　　　　　　　　（　　　　）

2. 身体前后晃动，不能控制住自己。多形容人在醉酒、瞌睡或大笑时的神态。　　　　　　　　　　　　　　（　　　　）

3. 里面的接应外面的进攻。泛指内外配合呼应。（　　　　）

4. 形容四处转战，经历许多战斗。　　　　　　（　　　　）

5. 指住在周围的邻居。　　　　　　　　　　　（　　　　）

6. 前面有人吆喝开道，后面有人簇拥护卫。形容出行时随从众多，或形容成群结队而来。　　　　　　　　　（　　　　）

7. 无论怎么做都觉得有难处。　　　　　　　　（　　　　）

8. 指文章字句之中。常用来形容在字句中隐约透露出某种含义或感情。　　　　　　　　　　　　　　　　　（　　　　）

答案：

1. 左右开弓　2. 前仰后合　3. 里应外合　4. 南征北战

5. 左邻右舍　6. 前呼后拥　7. 左右为难　8. 字里行间

◎ 出典寻源

◎ 解字释义

◎ 关联词语

◎ 应用说例

二、世界之最

你能用一个成语说出下面的"世界之最"吗？

最大的巴掌（　　　　）　　　最宽的视野（　　　　　）

最大的利润（　　　　）　　　最高的巨人（　　　　　）

最长的腿（　　　　　）　　　最吝啬的人（　　　　　）

最有价值的话（　　　　　）　　最宽阔的胸怀（　　　　　）

最长的寿命（　　　　）　　　最宝贵的话（　　　　　）

最厉害的贼（　　　　　）

答案：

最大的巴掌（一手遮天）　　　最宽的视野（一览无余）

最大的利润（一本万利）　　　最高的巨人（顶天立地）

最长的腿（一步登天）　　　　最吝啬的人（一毛不拔）

最有价值的话（一诺千金）　　最宽阔的胸怀（虚怀若谷）

最长的寿命（万寿无疆）　　　最宝贵的话（金玉良言）

最厉害的贼（偷天换日）

三、选择成语填入合适的文句中

柳暗花明　　花枝招展　　世外桃源　　荒草丛生　　绿树成荫

奇花异草　　鸟语花香　　春暖花开　　繁花似锦

45 ▶

◎ 出典寻源

◎ 解字释义

◎ 关联词语

◎ 应用说例

在_____的季节，爸爸妈妈带我去植物园游玩。春天像打扮得_____的小姑娘，微笑着向我们走来。虽然道路两旁还没有像夏天一般_____，但是行走在明媚的春光中，感受着大自然的美妙，也十分惬意。虽然春天的植物园还算不上_____，但是迎春花、桃花，还有好多我叫不出名字的花也都迎着春风绽放了。柳树也纷纷开始发芽，披上了嫩绿的衣裳。树林里传来清脆悦耳的鸟叫声，真是_____，令人陶醉。听妈妈说，植物园所在的这片土地曾经_____，后来城市开始进行绿化和改造，才将这里建成一座植物园。植物园布置得如同江南的园林，小路弯弯曲曲，有山有水。我们沿着一条小路向前走，以为走到那座隆起的小山丘就到尽头了，没想到_____，绕过小山丘，便有一所大玻璃房子，原来是一个温室花园。我和爸爸妈妈兴致勃勃地走进去，发现里边养着许许多多我从来没见过的_____，真是让人大开眼界。我们在植物园玩得十分高兴，不知不觉就到了傍晚，爸爸妈妈和我才恋恋不舍地离开了这个远离都市尘嚣的_____。

答案：

春暖花开　花枝招展　绿树成荫　繁花似锦　鸟语花香
荒草丛生　柳暗花明　奇花异草　世外桃源

◎ 出典寻源

◎ 解字释义

◎ 关联词语

◎ 应用说例

四、读歇后语猜成语

在我们的生活中，会用到许多歇后语。下面，就请你用一个成语指出这些歇后语的意思吧！

一个巴掌拍不响（　　　　　）　包公断案（　　　　　）

叫花子要黄连（　　　　　）　三月里扇扇子（　　　　　）

蚊子找蜘蛛（　　　　　）　空棺材出丧（　　　　　）

碗底的豆子（　　　　　）　赵高的把戏（　　　　　）

热锅上的蚂蚁（　　　　　）

答案：

一个巴掌拍不响(孤掌难鸣)　包公断案(铁面无私)

叫花子要黄连(自讨苦吃)　三月里扇扇子(满面春风)

蚊子找蜘蛛(自投罗网)　空棺材出丧[目(木)中无人]

碗底的豆子[历历(粒粒)在目]　赵高的把戏(指鹿为马)

热锅上的蚂蚁(如坐针毡)

◎ 出典寻源

◎ 解字释义

◎ 关联词语

◎ 应用说例

飞蛾扑火

出典寻源

"飞蛾扑火"这个成语的典故引自明代施耐庵《水浒传》。

话说有"打虎英雄"之誉的武松，由于杀害了毒死哥哥武大郎的西门庆和潘金莲，被充军发配到了孟州牢城。

武松与两个公差一路直奔孟州城而去，由于天气闷热，便到门前有棵大树的十字坡酒店歇脚喝酒。开店的孙二娘看到武松包裹沉重，便想用蒙汗药放倒三人。武松看到孙二娘的眼睛总是盯着他的包裹，疑心她居心不良，便假装说："听江湖上人常说，'大树十字坡，客人谁敢那里过？肥的切做馒头馅，瘦的却把去填河'。"孙二娘当然否认，辩称是黄牛肉馒头。武松接着故意又将孙二娘捉弄了一番。

孙二娘冷笑着暗想："这贼配军真是找死，胆敢捉弄老娘！正是'灯蛾扑火，惹焰烧身'。"因而，孙二娘悄悄吩咐店小二在酒中放了许多蒙汗药，将热的酒倒成三碗，分别让武松与两个公差饮用。两个公差毫无预防地喝了下去。武松猜想酒中有药，假装要吃肉，将孙二娘支开，却将碗中酒偷偷倒在墙角。两个公差倒下，武松也假装被蒙倒。两个店小二前来抬武松，却发现无论如何也抬不动，孙二娘亲自过来抱武松。结果武松趁势翻倒了她，惊得孙二娘不停地求饶。幸亏孙二娘的丈夫张青及时赶回家，问明情况后，武松才将孙二娘放过。

典故中"灯蛾扑火"一词，现在一般用为"飞蛾扑火"。

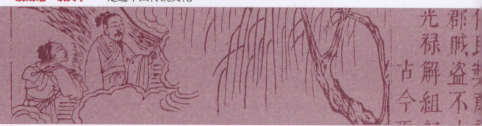

◎ 出典寻源

◎ 解字释义

◎ 关联词语

◎ 应用说例

解字释义

"飞蛾扑火"的意思是飞蛾飞向火焰，指自取灭亡。

关联词语

"飞蛾扑火"的近义词有"自掘坟墓"等。

"自掘坟墓"的意思是说自己的所作所为就像在替自己挖掘坟墓一样，比喻自寻死路。不过，"飞蛾扑火"有即便知道前方存在危险，还是一往无前冲上去的意思。如果是不自量力地这么做，表达的是一种贬义；若是为了表达一种英勇的献身精神，这个词又可以用作褒义词。而"自掘坟墓"简而言之就是自己挖了个"坑"，却没想到倒把自己给埋了，说到底就是想要陷害别人，最后却不小心害了自己的意思。它是贬义词。

"飞蛾扑火"的反义词有"全身远祸"等。

全：保全。"全身远祸"的意思是说保全自身，远离祸害。

应用说例

"飞蛾扑火"也可以作"飞蛾投火""飞蛾赴火"等。

元代无名氏《谢金吾》："我已曾着人拿住杨景、焦赞两个，正是飞蛾投火，不怕他不死在手里。"元代杨显之《潇湘雨》："他走了，我一向寻他不着，他今日自来投到，岂不是飞蛾扑火，自

◎ 出典寻源

◎ 解字释义

◎ 关联词语

◎ 应用说例

讨死吃的。"《水浒传》："正是飞蛾扑火身倾丧，怒鳖吞钩命必伤。"清代文康《儿女英雄传》："偏偏的又投了这凶僧的一座恶庙，正所谓'飞蛾扑火，自取焚身'。"

一般俗语中，"飞蛾扑火"通常与"自取灭亡"连用。"自取灭亡"指的是自己找死。"飞蛾扑火"比喻自投死路，一般用来指明知不可为而为之，对结果毫无意义的行为；不过，在特殊情况下，该词也可以贬义褒用。

●例句一：在敌强我弱的情况下，绝不能与敌人硬拼，那样无异于飞蛾扑火。

●例句二：当电影里的女主人公对所爱的人倾其所有，还是得不到对方的爱时，她仍像飞蛾扑火般不顾一切地扑向对方，实在令人感到悲哀。

◎ 出典寻源

◎ 解字释义

◎ 关联词语

◎ 应用说例

封狼居胥

出典寻源

"封狼居胥"这个成语引自汉代司马迁《史记·卫将军骠骑列传》。

从奴隶到将军,是多么不易,这需要经过多少次沙场上的浴血奋战,为国立下多少赫赫功勋。汉代的霍去病就是这样的人,由于他战功无数,勇冠三军,汉武帝封他为"冠军侯"。

霍去病的父亲是官府里的差役,母亲是供人使唤的婢女,他从小生活在奴婢群里,处处受人欺凌。有一年,汉武帝要选一位年纪轻、武艺高的人做侍从,霍去病被选中,从此进入朝廷。

他十八岁那年,随同舅父卫青出征。汉军刚刚越过长城,就与一大队匈奴骑兵相遇。两军相遇勇者胜,汉军勇猛向前厮杀,消灭了几千敌人。霍去病第一次接受战斗的洗礼,就为朝廷立下奇功。

公元前121年,霍去病独当一面,率领精兵一万,三出河西。

第一次出征,他在六天时间里,扫荡了五队匈奴骑兵。然后飞速骑驰一千多里,像一把尖刀插入匈奴左贤王的腹地。

战斗开始后,汉军由于经过长途跋涉,体衰力弱,战势危急。霍去病大喝一声,猛地向敌人冲去。他大发神威,连挑匈奴十二员猛将下马。汉军官兵见了勇气倍增,一个个奋勇当先,杀得匈奴尸横遍野。匈奴浑邪王的王子、国相来不及逃跑,被汉军生擒。

当年夏天,霍去病与其他三位将领同时领兵出征。他采取了

◎ 出典寻源

◎ 解字释义

◎ 关联词语

◎ 应用说例

迂回包抄战术，先向北行军二百余里，然后突然折向东面，一举歼灭了浑邪王和屠休王的主力，俘虏匈奴单于的王子、相国和将领等。霍去病凯旋向朝廷请功，其他三路却失利而归。从此以后，霍去病的威名更著。

匈奴单于既失爱子，又遭惨败，恼怒万分，要将浑邪王、屠休王治罪。他俩惊慌失措，连忙带领五万部属准备向汉朝投降，以求保得一命。

消息传来，汉武帝半信半疑。几经考虑，汉武帝决定让霍去病领兵一万，再去河西受降。要是匈奴人假降，"冠军侯"足以抵御。

霍去病领兵渡过黄河，与匈奴军相遇。这时候，匈奴军的首领各怀异志，矛盾重重。前不久，屠休王听说单于只准备杀浑邪王，便有些后悔，想再返回，浑邪王见势不妙，立即杀死屠休王，收编了他的部队。霍去病闻讯后当机立断，领兵向匈奴军驰去。浑邪王听说霍去病来了，连忙伏地行礼。霍去病下马将他扶起，对他进行安慰。少数匈奴贵族企图纵马逃跑，霍去病一声令下，把他们全部抓回来斩首示众。为防止发生变故，霍去病连忙派人将浑邪王先护送到长安，使匈奴军群龙无首，然后带领匈奴军缓缓而行，顺利回到朝廷。

霍去病三出河西，使匈奴人无法在河西立足，只得退至沙漠以北。

公元前 119 年，为消除后患，霍去病领兵越过沙漠，与匈奴军展开大战。这一仗汉军又是大获全胜，斩杀、俘虏敌人七万多，

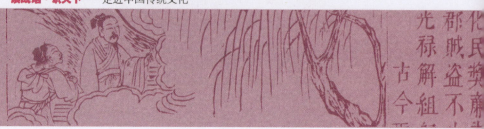

◎ 出典寻源

◎ 解字释义

◎ 关联词语

◎ 应用说例

生擒匈奴王爷、相国、将领近百人。据记载，霍去病回师前，"封狼居胥山，禅于姑衍，登临翰海"。也就是说他在狼居胥山的主峰筑坛祭祀天地，祭奠阵亡将士，这便是历史上有名的"封狼居胥"。

两年后，年仅二十三岁的霍去病英年早逝。汉武帝于悲痛之余亲自下诏，将他埋葬在自己选定的墓地。而"封狼居胥"的成语从此流传了下来。

解字释义

封：筑坛祭天。狼居胥：山名。"封狼居胥"本指汉代名将霍去病打败匈奴后登上狼居胥山筑坛祭天以告成功。后比喻建立显赫功勋。

关联词语

"封狼居胥"的近义词有"不赏之功""功高盖世""功标青史"等。

提到"封狼居胥"，我们就知道这是功勋显赫的象征。与封狼居胥有着相似含义的一个词语是"不赏之功"。"不赏之功"不是有功不赏，而是指功劳太大没有办法赏赐。

"功高盖世"的意思是功劳极大，当代没人能比。此外，"功标青史"也是"封狼居胥"的近义词。"功标青史"即功劳记在史

◎ 出典寻源

◎ 解字释义

◎ 关联词语

◎ 应用说例

书上，指建立了巨大功绩，流传千古。尽管这几个词语都有建立伟大功勋的意思，不过，"封狼居胥"与"不赏之功"以及"功高盖世"都是表示所建功勋的卓著；"功标青史"是指建立的功勋名垂青史，万古传颂，而"封狼居胥"没有这样的含义。

应用说例

唐代李延寿《南史·王玄谟传》，"上谓殷景仁曰：'闻王玄谟陈说，使人有封狼居胥意。'"宋代辛弃疾《永遇乐·京口北固亭怀古》："元嘉草草，封狼居胥，赢得仓皇北顾。"清代余怀《板桥杂记·丽品》："欲投笔磨盾，封狼居胥。"

"封狼居胥"不仅用来象征功绩，也可用于对自不量力者的讽刺。南北朝时，南朝宋文帝对国家统一有心而无力，留下了"元嘉草草，封狼居胥，赢得仓皇北顾"的笑谈。

●例句一：想当年，霍去病饮马瀚海，封狼居胥，扬我中华之威，至今读起这些故事都感觉精神为之一振。

●例句二：毛泽东同志为中国新民主主义革命和社会主义建设事业终生奋斗，勋业盖世，封狼居胥，令人敬佩。

◎ 出典寻源

◎ 解字释义

◎ 关联词语

◎ 应用说例

釜底抽薪

出典寻源

　　"釜底抽薪"这个成语典故引自南北朝时期北齐魏收《为侯景叛移梁朝文》。

　　故事讲的是公元534年，北魏分裂成东魏和西魏。东魏的大权掌握在丞相高欢手中，他手下有个得力助手，名叫侯景，他向高欢吹牛说，只要给他三万兵马，他就可以打过长江去，把梁武帝萧衍活捉过来。高欢便交给他十万军队，让他镇守河南。

　　侯景向高欢辞行时，私下对高欢说："我带兵在外，为防止意外，您有书信给我，请在上面加小点以便我识别真伪，防止奸人诈骗。"

　　尽管侯景受到高欢重用，但他非常瞧不起高欢的儿子高澄。公元546年，高欢患了重病。高澄知道侯景瞧不起自己，打算赶在父亲死之前夺回侯景的兵权，便用父亲的名义写信召他回来。他不知道侯景与高欢有密约，因此没有在信上加小点。

　　侯景接到信后，见上面没有加小点，心里疑惑起来，便找个借口不回朝。次年高欢病死，侯景知道高澄必定会杀他，便下决心反叛东魏。他先将河南十三个州的土地献给西魏，但不肯交出军队，只是伺机行事。

　　高澄发现侯景公开反叛，便命慕容绍宗率军向侯景进逼。与此同时，又命中书侍郎魏收写一篇文告，谴责侯景的反叛罪状，才思敏捷的魏收很快写好，高澄命人迅速张贴出去。

　　这样一来，侯景日子就很难过了，便索性向南面的梁武帝投

◎ 出典寻源

◎ 解字释义

◎ 关联词语

◎ 应用说例

降，并请求他派军队来援助。梁武帝马上答应并派兵北上。

高澄见梁武帝出兵援助侯景，便命魏收写了一篇《为侯景叛移梁朝文》。文中有一段写道：梁朝如果不援助侯景并且把他交出来，那就好像抽薪止沸、剪草除根一样，从根本上解决了问题。但梁武帝看了不以为然，照样出兵援助侯景。

于是，慕容绍宗率领的东魏军继续南下，与支援侯景的梁军交锋，结果梁军大败。接着，东魏军又去攻击侯景的军队，将它击溃。最终，侯景带领少数部队投奔了梁朝。

第二年，侯景又举兵叛变，攻破梁朝京都建康。不久，梁武帝愤恨而死。后来，侯景自立为帝，不过没过多久就被部下杀死了。

后来，魏收写的那一篇文告中的"抽薪止沸"一词，演化为"釜底抽薪"的成语。

解字释义

釜：锅。薪：柴。"釜底抽薪"的意思是把锅底下的柴火抽掉，使之无法加热。比喻从根本上来解决问题。

关联词语

"釜底抽薪"的近义词有"抽薪止沸""批郤导窾"等。

"抽薪止沸"的意思是抽掉锅底下的柴火，使锅里的水不再翻滚，比喻从根本上解决问题。"批郤导窾"的意思是从骨头接合处批开，无骨处则就势分解，比喻善于从关键处入手，顺利解决问题。

"釜底抽薪"与"抽薪止沸"都有比喻从根本上解决问题的意

◎ 出典寻源

◎ 解字释义

◎ 关联词语

◎ 应用说例

思。但是，略有区别："釜底抽薪"一般用在事件还处于一般情况下，以此突出动作让人措手不及；"抽薪止沸"通常用在事情处于万分紧急的时候，以非常迅速的动作，让对方彻底惨败。

"釜底抽薪"的反义词有"抱薪救火""扬汤止沸""火上浇油""撮盐入火""推波助澜"等。

应用说例

明代戚元佐《议处宗藩疏》，"谚云：扬汤止沸，不如釜底抽薪。"汉代枚乘《上书谏吴王》："欲汤之沧，一人炊之，百人扬之，无益也，不如绝薪止火而已。"清代吴敬梓《儒林外史》："如今有个道理，是'釜底抽薪'之法。"曲波《山呼海啸》："他又利用釜底抽薪的办法，捉去了一些青壮年，想把他们运到东北去做劳工。"水运宪《祸起萧墙》："唉！辛辛苦苦点起来的一把烈火，还未将水烧热，就被人釜底抽薪、冷水淋头。"茅盾《鼓吹集》："党中央……一再号召文艺工作者到下层去投入火热的斗争以丰富自己的生活，以便釜底抽薪地消灭公式化概念化所以产生的根源。"

"釜底抽薪"这个成语常用来比喻做事非常彻底，一般作谓语、定语、状语，结构是偏正式。

● **例句一**：李叔叔的企业正在扩张发展期，现在最怕的就是银行突然来个釜底抽薪，贷款不能及时到位，到时候资金周转不灵，那就糟了。

● **例句二**：房地产价格的大幅跌落对于以大量房产作为抵押的企业家来说，无异于釜底抽薪，使他的企业陷入危机。

功 败 垂 成

- ◎ 出典寻源
- ◎ 解字释义
- ◎ 关联词语
- ◎ 应用说例

出典寻源

"功败垂成"这个成语引自唐代房玄龄等《晋书·谢玄传》。

公元383年，前秦苻坚率领百万大军南侵，企图一举灭晋。东晋宰相谢安，派名将谢玄率兵八万迎战。晋军进至淝水，要求秦兵略向后移，以便渡河决战。苻坚打算趁晋军渡河之际发起猛攻，因此同意后撤。可是，秦军一退就无法止住，将士们以为打了败仗，纷纷溃逃。晋军乘机渡水攻击。秦军大败，他们听到风声鹤唳，都以为是追兵。谢玄乘胜攻占洛阳、彭城等地。苻坚逃至关中。这就是历史上有名的淝水之战。

淝水大捷之后，谢玄想乘胜前进，实现统一北方的志愿。可是，东晋皇族非常嫉妒他的功业，借口打仗的时间太长了，要他还师，坐镇淮阴。

谢玄在回师南归的途中得了疾病，过了两年，便病故了，死时只有四十五岁。

《晋书·谢玄传》中记载："庙算有余，良图不果；降龄何促，功败垂成！"意思是说，之前的谋划是非常周详的，但美好的愿望却没有取得应有的成果；老天给他的寿命怎么这样短促，北伐将要取得成功的时候，竟然失去了机会。

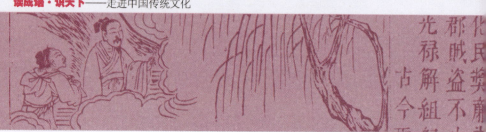

◎ 出典寻源

◎ 解字释义

◎ 关联词语

◎ 应用说例

解字释义

垂：将要接近。"功败垂成"的意思是形容事业将要成功时失败了，带有惋惜之意。

关联词语

"功败垂成"的近义词有"功亏一篑"等。

"功亏一篑"即指筑土山因缺一筐土而没有成，比喻一件事只差最后一点未能完成而前功尽弃，含惋惜意。"功败垂成"与"功亏一篑"尽管都是表示事情将要成功时，却不幸失败，但是其区别在于："功败垂成"是从时间上说，指临近成功时却失败了；"功亏一篑"是从功力方面而言，指只差一点功力却未成功。

"功败垂成"的反义词有"大功告成"等。

"大功告成"指巨大工程或重要任务宣告完成。

应用说例

清代吴趼人《痛史》："那两位辅佐太子的知道了，见功败垂成，十分着急。"《蔡廷锴自传·重游南洋，爱妻逝世》："以致新政无法推行，功败垂成，至为可惜。"冯玉祥《我的生活》："郭松龄反戈讨奉之役，功败垂成。"

"功败垂成"在结构上是偏正式，作谓语，表示惋惜。"功败

◎ 出典寻源

◎ 解字释义

◎ 关联词语

◎ 应用说例

垂成"如今大多用来表示在距离成功一步之遥时戛然而止，也有遗憾与惋惜之意。"功败垂成"多用来指代一件事原本是可以成功或完成的，结果因为外界因素阻挠，却没有办法在规定期限内完成。它想表达的更多的不是对失败的遗憾，而是对这件曾经让人付出过汗水与心血却不能进行到底的事的惋惜。

● **例句一**：做一件事情一定要坚持到底，越是到最后，越不要松懈，即使开头再顺利，我们稍一疏忽也可能会功败垂成。

● **例句二**：我们的球队在这场比赛中本来占有绝对优势，就因为两个关键球没处理好，让对手有机可乘，最终功败垂成，实在可惜。

◎ 出典寻源

◎ 解字释义

◎ 关联词语

◎ 应用说例

功成不居

出典寻源

"功成不居"这个成语引自春秋时期老子《老子》。

老子提出一切事物都有它的对立面，假如失去了对立的一个方面，另一个方面也就不存在了。老子用下面这些话，表达了他的思想：

天下皆知美之为美，斯恶已；

皆知善之为善，斯不善已。

故有无相生，难易相成，

长短相形，高下相倾，

音声相和，前后相随。

是以圣人处无为之事，行不言之教。

万物作焉而不辞，生而不有，为而不恃，功成而不居。

夫惟不居，是以不去。

这段话的意思是：

天下之人都知道怎样才算美，这就有丑了；

普天之下的人都知道什么是善，这就有恶了。

所以，有和无互相产生，难和易对立形成，

长和短对比出现，高和低互相依附，

音和声对立和谐，前和后不能分离。

因此，圣人用无为来处事，用不言来教导。

任凭万事生长变化而不去管它，生养了万物而不占为己有，

◎ 出典寻源

◎ 解字释义

◎ 关联词语

◎ 应用说例

推动了万物而不图报答，事业成功了但不夸耀。

正因为不夸耀，所以他的功绩永不失掉！

从其中"万物作焉而不辞，生而不有，为而不恃，功成而不居"一句，有了"功成不居"这个成语。

解字释义

功：功绩。居：占有。"功成不居"原指处事任其自然，成功而不占为己有。后指经过努力取得了成功后，不把功劳归于自己。

关联词语

"功成不居"的近义词有"虚怀若谷"等。

"虚怀若谷"指的是胸怀像山谷那样深邃而且宽广，形容十分谦虚，能容纳很多意见。不过，"功成不居"主要侧重于建立功勋的人不居功，不重视名誉利益；而"虚怀若谷"多用来形容具有满腹经纶的学者，非常谦虚，心胸开阔。

"功成不居"的反义词有"邀功请赏""居功自傲"等。

"邀功请赏"的意思是拿着功劳去请求奖赏。"居功自傲"的意思是自以为有功劳而骄傲自大，目空一切。

应用说例

晋代潘岳《世祖武皇帝诔》："恭惟大行，功成不居，议寝封

◎ 出典寻源

◎ 解字释义

◎ 关联词语

◎ 应用说例

禅，心栖冲虚。"唐代白居易《与崇文诏》："威立无暴，功成不居。"清代无名氏《杜诗言志》："看他前九首，便是一位努力从王之人，而以功成不居终之。"

"功成不居"比喻有功而不要，前提是必须有功劳，使用时应该注意。"功成不居"在语法上是紧缩式，作谓语、定语，指不居功自傲。这个成语告诉我们一个道理：在学校或者社会上做了好事，不要总想着要报酬，而要"功成不居"，因为，尽管你没有得到一时的荣誉或者酬劳，但是你却能赢得人心与尊重。

● 例句一：一位功成不居的成功者才是真正值得我们敬佩的人。

● 例句二：从中华五千年的历史中我们可以看出，能够做到功成不居的人实在少之又少。

◎ 出典寻源
◎ 解字释义
◎ 关联词语
◎ 应用说例

功亏一篑

出典寻源

"功亏一篑"这个成语引自战国时期《尚书·旅獒》。

周武王灭掉商朝，建都镐京（今西安市西南丰水东岸），国号为周。当时，人们对新生政权的建立无不欢欣鼓舞，感到由衷的高兴，人们奔走相告，拍手称颂。

这时，各诸侯国也立即行动起来，他们从四面八方携带着贵重礼品及土特产品赶来朝贺。就连远离镐京的西戎人，也派专使带来一条身长四尺、大尾长毛的名犬作为贺礼。周武王见这条狗十分稀奇，便高高兴兴地收下了。

在朝中担任太保的召公，一直随周武王东征西讨，艰苦创业，所以他非常清楚江山得来不易，也更知道守业的艰难。他觉得江山初定，百业待兴，有必要时时刻刻提醒周武王不要骄傲自满，不要沉醉于奢华的生活。于是，召公对周武王说："现在天下初定，四海臣服，远远近近、大大小小的国家或者送来奇珍异宝，或者带来土特名产，这当然是天子您的圣德。但以臣之愚见，玩赏之物是不能用贵贱来区分的，重要的是人的品德。德高，物才显得珍贵；无德，物也变得低贱。一个开明的君主，无论何时都不应该沉湎于声色享乐之中。"

周武王说："我不过收下西戎的一条狗，你觉得事情真的那么严重吗？"

召公说："天子，我只是有些担心，俗话说'玩人丧德，玩物

中國傳統文化

◎ 出典寻源

◎ 解字释义

◎ 关联词语

◎ 应用说例

丧志'，把人当作玩物加以戏弄，有损于德行；将罕见的物品视为珍宝赏玩不休，会消磨志气。不是本地出产的犬马畜生，不必饲养；对人们衣食住行毫无补益的奇禽异兽，不该收留。对国君来说，最值得重视的是人才，国家如果没有贤人治理，迟早都会垮掉。有作为的君主应该是群臣的表率，每时每刻都要非常留心自己的一言一行，看它是否有违德行，尤其不可忽视细小的行为。我们都知道，大德由小德积蓄而成，这如同筑起百尺高的土山，土要一筐一筐地堆上去，哪怕仅仅差一筐土，也还是没有达到百尺的高度（原文："为山九仞，功亏一篑"），岂不是太可惜了吗？天子，您是周朝的开国圣明君主，不能犯功亏一篑的错误，否则可是追悔不及呀！"

周武王听了召公的这番话，十分感激召公对他的一片赤诚，感激他为国家社稷的一片苦心。于是立即接受了召公的意见，将各国送来的奇禽异兽都放归大自然，将那众多的珠宝特产分赠给各诸侯。诸侯们感到周天子真心诚意地对待他们，也都非常尊崇周天子。上下一心，周朝才得以坐拥几百年的江山。

从召公"为山九仞，功亏一篑"的话，引出了"功亏一篑"这个成语。

解字释义

九仞：极言其高。亏：欠缺。篑：筐，指一筐土。"功亏一篑"指的是筑土山因缺一筐土而没有成。比喻一件事只差最后一

◎ 出典寻源

◎ 解字释义

◎ 关联词语

◎ 应用说例

点未能完成而前功尽弃，含惋惜之意。

关联词语

与"功亏一篑"意义相近的词语有"功败垂成""前功尽弃""毁于一旦""付之东流"等。

"功败垂成"指的是事情接近成功的时候却遭到了失败，含有惋惜之意。"功败垂成"就时间上来说，指临近成功时却失败了；"功亏一篑"就功力上说，指只差一点功力却未成功。

"功亏一篑"的反义词有"善始善终"等。

"善始善终"的意思是说做事情有好的开头，也有好的结尾，形容办事认真。

应用说例

唐代房玄龄等《晋书·东海王越传赞》："长沙奉国，始终靡懑，功亏一篑，奄罹残贼。"明代张岱《募修岳鄂王祠墓疏》："然往往锐意兴造而力辍半途者有之，猛思合嵌，而功亏一篑者有之。"姚雪垠《李自成》："倘朝廷内外不和，动辄掣肘，必将使剿贼大事，功亏一篑。"蒋子龙《弧光》："你平时做人的那种自信、那种勇气、那种毅力都跑到哪儿去了？你难道想功亏一篑，抱恨终身吗？"

"功亏一篑"这个成语告诉我们一个道理：成功前应时刻保持

◎ 出典寻源

◎ 解字释义

◎ 关联词语

◎ 应用说例

警戒之心，否则很容易功亏一篑。该成语多用于形容一件事情在最后关头出了致命的差错。"功亏一篑"在用法上是主谓式，常用作谓语。"功亏一篑"主要适用于因为自己的能力或者其他原因导致事情失败，而不是由于外界因素的干扰。

●**例句一**：这道堤如果不抢在雨季前修筑完成，就可能功亏一篑。

●**例句二**：我们每做一件事情都要善始善终，坚持到底，把事情做好，不然的话，你稍一松懈，功亏一篑，岂不是白费心血？

孤注一掷

出典寻源

"孤注一掷"这个成语引自元代脱脱等《宋史·寇準传》。

北宋真宗年间，北方的契丹人建立的辽国进犯中原，各地边防的告急文书像雪片一样飞往京城，汇集到宰相寇準的手中。寇準却并不向皇帝报告，因为他心中早就拿定了主意。后来，有人直接向皇帝汇报了紧急军情，这可把皇帝急坏了，马上召见寇準，向他询问军情。

寇準向皇帝报告完军情，对皇帝说："陛下打算击退敌兵，五天之内即能办到，但是，得请您亲自到前线督战。"

听了寇準的建议，皇上心中颇为犹豫，便上朝召集文武百官商议对策，但众大臣也议论纷纷，有的建议迁都，有的建议讲和。皇帝权衡再三，觉得寇準的建议是唯一可行的，便来到澶渊前线。宋军士兵见皇帝亲临军中，顿时士气倍增。而疲惫的契丹军看到宋军威武雄壮、戒备森严，自己先乱了阵脚。

随即，宋真宗住进了行宫，他派内侍到军中了解寇準的动向。内侍报告说："寇丞相并没什么实质性的动作，只是经常与杨学士饮酒赋诗。"

宋真宗听了并不生气，反而高兴地说："寇準有必胜的把握，我可以放心了。"

果然，寇準亲自指挥宋军把契丹军打得节节败退，取得了决定性的胜利。为此，宋真宗对寇準更加信任。

◎ 出典寻源

◎ 解字释义

◎ 关联词语

◎ 应用说例

　　寇准为官清廉，一切都从国家利益出发，所以在选拔官员时，从不过问他们的资历，而只看其才能，深得朝廷重用。对此，副宰相王钦若非常妒忌。

　　一次，宋真宗因事将寇准和王钦若一同召进宫中，商议完事情，寇准离去时，宋真宗用亲切的眼光目送寇准。王钦若把这些看在眼里，据《宋史·寇准传》记载，他马上别有用心地对宋真宗说了这样一些话："陛下闻博乎？博者输钱欲尽，乃罄其所有出之，谓之孤注。""澶渊之役，准以陛下为孤注与敌博耳。""陛下，寇准之孤注，斯亦危也。"这些话的意思是："寇准曾拿陛下您当赌注，您没有想到吗？譬如赌博，赌徒快把钱输光了，往往把剩下的钱全部押上，这就是孤注。""在与契丹人的交兵中，寇准让您亲临澶渊前线，置您于数十万敌军之前，这不就是把您当成孤注作那最后的一掷吗？""现在想来，寇准这样孤注一掷，那可实在太危险啦！"

　　王钦若的一席话说得宋真宗后背直透凉风，不觉后怕起来。心想如果没打败契丹军，自己不就要困在前线，甚至当了俘虏吗？

　　宋真宗听信了王钦若的谗言，不久便将寇准贬出京城去做地方官，并且与辽国订立了屈辱的澶渊之盟。

　　从王钦若对宋真宗说的一系列关于"孤注"的话，就演化出来"孤注一掷"这个成语。

解字释义

　　注：赌注。孤注：赌博时把所有的钱一次投作赌注。掷：扔，

◎ 出典寻源

◎ 解字释义

◎ 关联词语

◎ 应用说例

"孤注一掷"即指赌钱掷色子时，赌徒把所有的钱作为赌注，以决最后的输赢。比喻在危急时用尽全力作最后一次赌博性的冒险。

关联词语

"孤注一掷"的近义词有"破釜沉舟""铤而走险"等。

"破釜沉舟"比喻不留退路，非打胜仗不可，下决心不顾一切地干到底。"孤注一掷"指绝望时的最后冒险，多含贬义；"破釜沉舟"形容决一死战的决心和勇气，含褒义。"铤而走险"指在无路可走的时候采取冒险行动，但很可能失败。

"孤注一掷"的反义词有"稳操胜算"等。

"稳操胜算"指有把握取得胜利。

应用说例

元代张宪《澶渊行》："亲征雄谋出独断，孤注一掷先得枭。"姚雪垠《李自成》："随后听说坐山虎和他的亲信们正在秘密商议，可能作孤注一掷。"杨得志《大渡河畔英雄多》："这一阵子可真激烈，敌人孤注一掷，企图组织全部火力封锁我们后续登陆部队。"

"孤注一掷"的用法是主谓式，可用作谓语、宾语、定语，含贬义。

●例句一：尽管这一举措似乎有点孤注一掷，但该品牌汽车却非唯一一家期望通过降价度过全球经济疲软时期的公司。

◎ 出典寻源

◎ 解字释义

◎ 关联词语

◎ 应用说例

● **例句二**：她近来感觉身体很不好，多次看病也未见好转，但为了在高考前成绩能有所突破，她决定孤注一掷，每天拼命苦读，其实这种做法未必明智。

◎ 出典寻源

◎ 解字释义

◎ 关联词语

◎ 应用说例

过五关斩六将

....

出典寻源

"过五关斩六将"这个成语引自元末明初罗贯中《三国演义》。

三国时，刘备兵败后投靠河北的袁绍，而关羽却流落在曹操处。后来，关羽得知刘备的下落就准备辞别曹操，从河南许昌出发，护送刘备的二位夫人，一起去寻刘备。

由于关羽没有丞相曹操签发的通行证，沿途被曹军守将围追堵截。在东岭关，守将孔秀要关羽交验丞相的放行证明，不然就要留下随行老小作为人质。关羽大怒，举起钢刀，杀了孔秀。

关羽路过洛阳时，太守韩福弯弓搭箭，率领一千人马，把守关口。牙将孟坦出马手执双刀来取关公，战了三个回合，回马便走，原先是想引诱关羽，想不到关羽的马快，早已赶上，大刀一举，孟坦被砍为两段。此时韩福躲在门首，放了一支暗箭，正射中关羽左臂。关羽大怒，用口拔出箭，虽血流不止，仍飞马径奔韩福，将他斩于马下。

关羽恐一路上再遭人暗算，便连夜投奔汜水关。关将卞喜在镇国寺中埋伏下刀斧手二百余人，准备诱关羽至寺后再将其杀害。此时，镇国寺僧人普净（是关羽的同乡）得知卞喜欲暗害关羽，便向关羽通风报信。于是，关羽先下手将卞喜杀了。

关羽又往荥阳进发，太守王植与韩福是亲家，知道关羽杀了韩福，于是表面上装献殷勤，暗中却密令部下胡班集合一千名士卒，围住关羽的驻地，一人一个火把，待三更时分，一齐放火。

◎ 出典寻源

◎ 解字释义

◎ 关联词语

◎ 应用说例

后胡班为关羽的人品德行所感动，便将王植的毒计密告关羽。关羽大惊，连夜出奔，王植也拍马挺枪，飞奔拦截关羽，结果也被关羽杀了。

关羽一路跋涉，行到滑州界首。守将刘延出关迎接。关羽提出要借船渡过黄河，刘延怕得罪夏侯惇及其部将秦琪，不肯借船，关羽只得自行想办法。到黄河渡口时，秦琪又要查看曹操所发的通行证。关羽对秦琪的拦截很是恼怒，一刀砍去，秦琪也死了。

关羽在曹操的辖境内所历关隘五处，斩将六员，最后终于与刘备相会。罗贯中《三国演义》第二十七回讲道："关云长挂印封金，千里走单骑，过五关斩六将。"

后人就将这个故事概括为成语"过五关斩六将"。

解字释义

"过五关斩六将"源于《三国演义》中关羽寻兄途中，过了五关，杀了六员曹将的故事。比喻历尽千辛万苦，克服重重难关，终于达到目的。

关联词语

与"过五关斩六将"意思相近的成语有"披荆斩棘"等。

"披荆斩棘"的意思是拨开荆，砍掉棘，比喻在前进道路上清除障碍，克服困难。"过五关斩六将"更加侧重于历尽磨难，达到

◎ 出典寻源

◎ 解字释义

◎ 关联词语

◎ 应用说例

最后的目的，体现一种英雄主义的信仰。而"披荆斩棘"却是强调克服困难的过程是多么的凶险。

应用说例

明代罗懋登《三宝太监西洋记》："这如今万世之下，那一个不说到过五关斩六将掀天揭地的好大丈夫？"《星火燎原（六）·转变》："我到二连去有事，见院子里围着一堆人，他们正在摆我团'过五关斩六将'的历史。"刘流《烈火金钢》："关公就老说过五关斩六将，没有听他说过夜走麦城。"斯癫《第一个遨游太空的炎黄子孙》："经过数十轮检查筛选和淘汰，王赣骏终于过五关斩六将，成为接受登空训练的人选之一，迈开了遨游太空的第一步。"

"过五关斩六将"这个词语在现实生活中代表的意义是：我们要有战胜各种困难的勇气与决心，这样才会获得成功。使用这个词语造句，必须特指经历许多关卡、克服许多困难或战胜许多对手等。

●例句一：中国乒乓球队在奥运会的比赛中，一路过五关斩六将，终于赢得男团和女团的两块宝贵的金牌。

●例句二：我们每一个人并非一辈子都在过五关斩六将，过轰轰烈烈的日子，其实很多时候我们更要学会过平平淡淡的生活。

中國傳統文化

◎ 出典寻源

◎ 解字释义

◎ 关联词语

◎ 应用说例

汗马功劳

出典寻源

"汗马功劳"这个成语引自汉代司马迁《史记·晋世家》。

春秋时的晋文公，名重耳，是晋献公的儿子，他曾流亡在外达十九年之久，后来回晋国做了国君，而且称霸一时。他即位为国君后，对于随从他流亡的人员，一一进行论功行赏。有个小臣名叫介之推，没有提出自己有什么功劳，也不求赏赐，躲到深山里隐居起来了。另一个小臣名叫壶叙，因为没有领到赏，便对晋文公说："您三次行赏，都没有我的份儿，斗胆请问这是为什么？"

史载，晋文公当即把行赏的标准向他说明："夫导我以仁义，防我以德惠，此受上赏；辅我以行，卒以成立，此受次赏；矢石之难，汗马之劳，此复受次赏；若以力事我而无补吾缺者，此复受次赏。三赏之后，故且及子。"这段话的意思是说："能用仁义来引导我，以德行来保护我的人，可以得到上等的奖赏；能用自己的行动来帮助我成就基业的人，可以得到次等的奖赏；经历过炮火之险、征战之苦的人，可以得到再次等的奖赏；如果只是为我做点苦力，而对我没什么大的补益的，那就只能得到更次的奖赏了。现在三次奖赏已发过了，所以就可以轮到你了。"

"汗马功劳"的成语就来源于晋文公这段论功行赏的话。

解字释义

汗马：马累出了汗，形容征战劳苦。"汗马功劳"原指在战争

◎ 出典寻源

◎ 解字释义

◎ 关联词语

◎ 应用说例

中立下的大功劳。泛指突出的工作成绩或很大的功劳。

关联词语

"汗马功劳"的近义词有"丰功伟绩""劳苦功高"等。

"丰功伟绩"的意思是指对社会作出的突出贡献，创造的巨大业绩。"汗马功劳"和"丰功伟绩"都表示创造很大的功绩。"汗马功劳"强调立功的劳苦，适用面较广；"丰功伟绩"强调功劳之伟大，多用于有巨大贡献的人，不用于自己。"劳苦功高"指勤劳辛苦，功劳很大。

汗马功劳的反义词有"徒劳无功"等。

"徒劳无功"的意思是即使付出了劳动，也不会有功绩可言，是一种无效的劳动。

应用说例

元代李寿卿《伍员吹箫》："你今诈传平公之命，宣那伍员去，则说是临潼斗宝之后，多有汗马功劳，宣你入朝为相，出朝为将。"明代汤显祖《南柯记·侍猎》："就里把兵机讨，看臂鹰老手，汗马功劳。"唐浩明《曾国藩·黑雨》："这个由他一手提拔，十多年来统领长江水师，为湘军最后攻克江宁立下汗马功劳的部下，今天居然能在刚过不惑之年便位为一方总督。"

● **例句一**：董事长在晚宴上盛赞王经理为公司发展立下汗马功劳，使王经理倍感欣慰和鼓舞。

● **例句二**：我的爷爷是一个离休干部，在革命战争年代，曾经多次出生入死，为人民解放事业立下汗马功劳，并因此获得国家颁发的胜利勋章和英雄勋章。

中國傳統文化

◎ 出典寻源

◎ 解字释义

◎ 关联词语

◎ 应用说例

骄兵必败

出典寻源

"骄兵必败"这个成语典故引自东汉班固《汉书·魏相传》。

魏相是西汉著名大臣,汉宣帝亲政后,任命魏相为丞相,总领百官。当时,汉朝军队经常在周边地区和匈奴的军队发生争战。

西汉时期,车师国常骚扰汉朝边境,汉宣帝派人带领一大批免刑的罪人到渠犁城一带,让他们开垦耕种,囤积粮食,以备攻打车师国之用。等到秋收时节,汉宣帝派兵攻打车师。车师国王不知所措,连忙向匈奴求救,谁知匈奴迟迟不到,车师国无奈只好投降了汉朝军队。战后,汉朝侍郎郑吉派三百士兵留驻车师国,自己带兵返回了渠犁。

匈奴得知后,立即派骑兵袭击车师。郑吉迅速前来救援,因敌众我寡,也被匈奴军给包围了,郑吉连忙派人去汉都求救。

汉宣帝急忙召集群臣商议对策。老将赵充国提议出兵攻打匈奴,迫使其从车师撤军。魏相却有不同主张,他说:"我听闻,救乱除暴乃是义兵,义兵必然胜利;敌兵前来进攻,被迫应战者是应兵,应兵也会克敌制胜;把抢夺对方土地珍宝当作目的是贪兵,贪兵就会自乱阵脚;凭借如此大的国家,庞大的人数,妄想扬威于国外者是骄兵,骄兵一定会被消灭。目前各地的官员需要严加防治,违法乱纪的事情还大量存在,再加上水旱的灾祸时有发生,民力还需要时间恢复,因此,如今摆在眼前最要紧的事情并非是去攻打匈奴,而是整顿朝纲,治理官吏,这才是首要的大事。望皇帝三思。"

汉宣帝冷静思考一番，认为魏相说得有理，于是取消了大规模出兵攻打匈奴的打算，只是调动一部分军队开到车师附近，援助郑吉的军队返回了渠犁。

《汉书·魏相传》原文记载魏相所说的话如下："恃国家之大，矜民人之众，欲见威于敌者，谓之骄兵，兵骄者灭。""骄兵必败"的成语就引典于此。

解字释义

骄：骄傲。兵：指军队。"骄兵必败"即指骄傲的军队必然打败仗。

关联词语

"骄兵必败"的近义词有"骄者必败""傲卒多降"等。

"骄者必败"与"骄兵必败"意义差不多。"傲卒多降"从本义上来说，在"败"的程度上则稍好于"骄兵必败"，不过在现代的使用中，其比喻义和"骄兵必败"差别不大，都用来形容若因取得了小小的胜利就骄傲自满的话，则往往会遭受更大的失败。

"骄兵必败"的反义词有"哀兵必胜"等。

哀兵：由受迫而悲愤地奋起反抗的军队。一说"哀，悯也"，"哀兵"即指怜惜和慈爱士卒。另一说"哀兵"是指因受欺侮而怀

◎ 出典寻源

◎ 解字释义

◎ 关联词语

◎ 应用说例

着激愤情绪为正义而战的军队。"哀兵必胜"引申为因横遭侵凌残害而悲愤满腔的国家和民族，能奋起抗战，必获胜利。也可指慈爱士卒而得人心者胜。

应用说例

曲波《林海雪原》，"古人云：'骄兵必败'，这就是少剑波致死的原因。"黄次书《文成公主与金城公主》，"语云：'骄兵必败。'吐蕃连战皆捷，一股骄气已充满了士兵心怀，个个饮酒快乐，洋洋得意。"

"骄兵必败"这个成语在语法上是主谓式，作主语、宾语、定语，含劝诫性质。"骄兵必败"在现实中的意义是，做人切不可骄傲自满、狂妄自大，应时刻保持谦虚、谨慎、不骄不躁的态度，这样才能更胜别人一筹。

●**例句一**：戴尔以为召开庆功会将助长自满的情绪，他认为骄兵必败，而这在以全速前进的戴尔公司是不应发生的。

●**例句二**：他总以为自己学习不错，这次考试前就没有认真地复习功课，考试的失败让他更深刻地懂得了"骄兵必败"的道理。

◎ 出典寻源

◎ 解字释义

◎ 关联词语

◎ 应用说例

举足轻重

出典寻源

"举足轻重"这个成语引自南朝刘宋范晔《后汉书·窦融传》。

西汉时，窦融家世代在河西当官。王莽当政时，他被任命为波水将军，后来归降刘玄，当了巨鹿太守。刘玄失败后，他联合酒泉、敦煌等五个郡首割据河西，担任河西五郡大将军。河西民风质朴，窦融施政宽和，境内官民相安，因此财粮丰裕，兵强马壮，引来了很多流亡的百姓。

汉光武帝刘秀取得政权后，窦融有意归附，于是派长史刘钧向光武帝上书并献上马匹。刘秀见窦融有归顺之意，非常高兴，便封他为凉州牧，赏赐黄金二百斤，颁发一道诏书让刘钧捎回。

在这道诏书里，刘秀大力赞赏窦融治理河西五郡的丰功伟绩以及对窦融的思慕之情，并且详细分析了当时的政治以及军事形势。史载，刘秀在这里特别指出："今益州有公孙子阳，天水有隗将军，方蜀汉相攻，权在将军，举足左右，便有轻重。"这话的意思即说，在他和窦融之间，还有益州的公孙述与天水的隗嚣，他们对天下统一势必造成很大的威胁。在蜀汉相争的形势下，窦融的去留对全局起着极为关键的作用，他只要举足移动一步，便会影响两边的轻重。

"举足轻重"的成语就引自这一典故。

◎ 出典寻源

◎ 解字释义

◎ 关联词语

◎ 应用说例

解字释义

举足：抬脚。"举足轻重"指的是一抬脚就可以改变两边的重量，使之失去平衡与均势。形容身份或地位特殊，一举一动足以影响全局。

关联词语

"举足轻重"的近义词有"至关重要"等。

"至关重要"指相当关键重要，在要紧关头是不可缺少的，比喻最重要的，是解决问题时的关键点。"举足轻重"与"至关重要"尽管都形容一个事物的重要性是不可取代的。但是，"举足轻重"主要侧重于一个重要的人可以影响全局的进展，主要在于人，而"至关重要"除了说一个人的重要性，还有可能是其他事物。

"举足轻重"的反义词有"无足轻重""无伤大雅"等。

"无足轻重"指的是没有它并不轻些，有它也并不重些。"无伤大雅"中，"无"是没有的意思，"伤"是损害、损伤的意思，"大雅"指主要的东西。"无伤大雅"的意思是指虽有影响，但没有伤及主要的东西。

应用说例

陶菊隐《北洋军阀统治时期史话》："而且袁世凯一死，他

（冯国璋）在东南半壁'举足轻重'的地位，也随之而消失。"茅盾《子夜》："然而现在风景不殊，人物已非了！现在他和赵伯韬立在敌对的地位了！而且举足轻重的杜竹斋态度莫测！"姚雪垠《李自成》："如今天下未定，曹操举足轻重，如果逼他太紧，他或则投降朝廷，或则离我们而去。"

"举足轻重"这个成语在现实中给我们的启示是，当一个人或一个事物能左右局势的发展时，应该谨慎对待，仔细斟酌，不能因盲目冲动而酿成无法挽回的后果。"举足轻重"在语法上是主谓式，作谓语、定语，用于指人的地位等。然而，要想做一个"举足轻重"的人物，也并不是一件简单的事情。天上不会掉馅饼，当别人在进步的时候，你在干什么，这很重要。有时候，一个决定就能够影响你的一生。

●例句一：他的话具有举足轻重的作用，若能得到他的支持，这件事成功有望。

●例句二：我们做任何事情都不要粗心大意，要考虑各种因素可能带来的影响，就像一颗小螺丝也可能为整部机器的正常运转带来举足轻重的影响。

◎ 出典寻源

◎ 解字释义

◎ 关联词语

◎ 应用说例

成语小游戏

··

一、选择成语补充段落

循循善诱　不厌其烦　如火如荼　走马观花　名列前茅
茅塞顿开　含苞待放　落叶归根　桃李满天下

我们的班主任李老师就像辛勤的园丁，而我们就是她眼中＿＿＿＿＿＿的花朵。我们大家都很喜欢她。她给我们上课的时候总是和颜悦色，对我们＿＿＿＿＿＿＿、＿＿＿＿＿＿＿。对待同学们的提问，李老师总是认认真真地解答，每次听了她的讲解，总让我们＿＿＿＿＿＿＿。李老师告诫我们看书的时候不能＿＿＿＿＿＿＿，而是要仔仔细细地领会。上个学期，在李老师的带领下，我们班的学习互助小组活动＿＿＿＿＿＿地开展起来。在学习互助小组的活动中，我们学会了团结友爱，互帮互助，同学们的学习积极性都被调动了起来。期末考试的时候，我们的成绩都有了很大的提高，我们班的成绩在年级里＿＿＿＿＿＿＿。等我们小学毕业后，李老师就该退休了，她说她希望＿＿＿＿＿＿＿，回到自己的家乡去。几十年来辛勤耕耘的李老师，培养出了许许多多的人才，可谓＿＿＿＿＿＿＿。我们一定要好好学习，不能辜负了李老师的希望。

答案：

含苞待放　循循善诱　不厌其烦　茅塞顿开　走马观花

◎ 出典寻源　　　　　如火如荼　名列前茅　落叶归根　桃李满天下

◎ 解字释义

◎ 关联词语　　　**二、诗经的成语**

◎ 应用说例
　　　　　　　下列成语中有一个出自《诗经》，你知道是哪一个吗？

　　　　　　　百尺竿头　半途而废　不得人心　长袖善舞　惩前毖后
　　　　　　　重蹈覆辙　出人头地　出奇制胜　大功毕成　东山再起
　　　　　　　幡然醒悟　飞蛾扑火　成也萧何，败也萧何

　　答案：

　　　　　　　惩前毖后

　　三、"半"字成语

　　　　　　　把下列"半"字成语补充完整。

　　　　　　　半斤（　　　　）　半途而（　　　）　半面之（　　　　）

　　　　　　　半路（　　　　）　半信（　　　）　半推（　　　　）

　　　　　　　半文半（　　　）　事半功（　　　）　一知半（　　　）

　　　　　　　三更半（　　　）　事倍功（　　　）　（　　　）失参半

　　答案：

　　　　　　　半斤（八两）　　半途而（废）　　半面之（交）

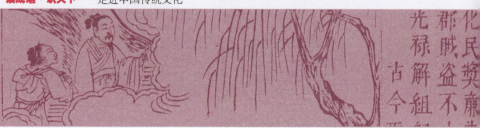

◎ 出典寻源

◎ 解字释义

◎ 关联词语

◎ 应用说例

半路（出家）　　半信（半疑）　　半推（半就）

半文半（白）　　事半功（倍）　　一知半（解）

三更半（夜）　　事倍功（半）　　（得）失参半

四、以下成语典故均出自晋代，请找出主人公是王羲之的成语。

入木三分　闻鸡起舞　东山再起　洛阳纸贵

草木皆兵　狗尾续貂

答案：

入木三分

◎ 出典寻源

◎ 解字释义

◎ 关联词语

◎ 应用说例

卷土重来

出典寻源

"卷土重来"这个成语引自唐代杜牧《题乌江亭》。

楚汉之争项羽兵败，他自认为无颜面对江东父老，便选择在乌江岸边自尽。但他能够在百万汉军的重围之中，单人匹马闯出生路，其英雄气概一直成为人们的美谈，所以，很多人都深为项羽惋惜。唐代诗人杜牧写过《题乌江亭》一诗，表达出这样的感怀：

胜败兵家事不期，包羞忍耻是男儿。

江东子弟多才俊，卷土重来未可知。

这首诗的大致意思是说：在战场上作战，胜利和失败常常是不可预期的，即使失败了，能够包容和忍受羞耻也是真正的男子汉。在乌江之东的土地上有许多这样的青年才俊，虽然这次失败了，迅速恢复势力，再打回来也未必不可能。

从杜牧的这首诗，便引出了"卷土重来"这个成语。

解字释义

卷土：卷起尘土，形容人马奔跑之状。"卷土重来"比喻失败后又重新恢复势力；有时也比喻消失了的人或事物重新出现。现代人多用它来形容反动势力的猖狂反扑，多用作贬义词。

◎ 出典寻源

◎ 解字释义

◎ 关联词语

◎ 应用说例

关联词语

"卷土重来"的近义词有"东山再起""死灰复燃""重整旗鼓"等。

"东山再起"的原意指有声望的人隐退后复出任职，现比喻失势或失败后重新恢复力量再干。"卷土重来"可喻指重新回到失败时退出的地方，"东山再起"则没有这样的含义。"重整旗鼓"的字面意义是指重新整顿发布号令的旗帜和战鼓，比喻失败后重新组织力量。"卷土重来"现多用于贬义，"重整旗鼓"则多用于褒义。"死灰复燃"的意思是说冷灰重新烧了起来，比喻失势的人重新得势，也比喻已经停止活动的事物重新活动起来或比喻原有的念头、想法重新出现，现常比喻已经消失了的恶势力又重新活动起来。显然，"死灰复燃"是一个贬义词。

"卷土重来"的反义词有"偃旗息鼓""销声匿迹"等。

"偃旗息鼓"原指行军时隐蔽行踪，不让敌人觉察，现比喻事情终止或声势减弱。"销声匿迹"即指消失得无影无踪，形容隐藏起来不出声不露面，也可作"消声匿迹"。

应用说例

清代黄宗羲《翰林院庶吉士子——魏先生墓志铭》："逆奄伏诛，忠死之家，哀荣已备，而导之典狱者阮大铖、傅櫆，方改头换面，卷土重来。"柳亚子《次韵答胡寄尘》："卷土重来知有日，

◎ 出典寻源

◎ 解字释义

◎ 关联词语

◎ 应用说例

莫从顽铁问刚柔。"茅盾《子夜》:"虽说现在已经有了卷土重来的希望,他仍然不免有点怅怅。"周作人《美文》:"我希望大家卷土重来,给新文学开辟出一块新的土地来,岂不好吗?"

"卷土重来"在现实中多指失败之后重新组织力量反攻过来,亦泛指重新开始。

"卷土重来"在语法上是偏正式,作谓语、宾语、定语。在多数情况下用作贬义,有时也可以用作褒义。现在多指某些曾经被打压失败的恶势力经过一段时间的休整,再次突起,给社会带来更大的灾难。

●例句一:我不会输给他,刚才的比赛只是不小心摔了个跤而已,待我休息一下,再上擂台,就可卷土重来,将他打败。

●例句二:每年冬天来临之际,我们都要做好预防工作,以防各种传染病卷土重来。

◎ 出典寻源

◎ 解字释义

◎ 关联词语

◎ 应用说例

决一雌雄

出典寻源

"决一雌雄"这个成语引自汉代司马迁《史记·项羽本纪》。

公元前203年，楚、汉两军长期相持，胜负未决，年轻力壮的苦于行军打仗，年老体弱的疲于水陆运输。当时，项、刘两军对峙于广武山（今河南荥阳东北），山上有东、西两城，两城之间隔着广武涧。当时刘邦屯兵西城，项羽屯兵东城，项羽同刘邦隔着广武涧对话。项羽对刘邦说："天下汹汹数岁者，徒以吾两人耳，愿与汉王挑战决雌雄，毋徒苦天下之民父子为也。"他这话的意思是说："几年来天下一直动荡不安，就是我们两个人的缘故，我愿意向你挑战，决一胜负，不要使百姓跟着受苦。"

刘邦笑着回答说："吾宁斗智，不能斗力。"他的意思是说："我宁愿同你斗智，也不愿和你斗力。"

项羽就命令壮士出营挑战；刘邦则数说项羽的种种罪行，说他负约、杀义帝，等等。项羽越听越气，再次要求决战，刘邦仍不理睬。后来，项羽用隐伏的弩箭，射中了刘邦。刘邦受伤后，就回成皋（今河南荥阳市汜水镇）养伤去了。

根据这个典故中项羽关于"愿与汉王挑战决雌雄"的话，就引出了"决一雌雄"这个成语。

解字释义

决：比。雌雄：比喻高低、胜负。"决一雌雄"即指比一比高

◎ 出典寻源

◎ 解字释义

◎ 关联词语

◎ 应用说例

下，决出胜负。

关联词语

"决一雌雄"的同义词有"决一死战""背水一战""背城借一"等。

"决一雌雄"的反义词有"握手言和""握手言欢""和平共处""和睦相处"等。

应用说例

"决一雌雄"也作"一决雌雄"。

元末明初罗贯中《三国演义》："汝等各回本州，誓与曹贼一决雌雄。"冯骥才《神鞭》："曹老师为咱中国人雪耻，要率弟兄们去紫竹林与洋毛子决一雌雄，胆量气节，都叫我五体投地。"蔡东藩《慈禧太后演义》："朕今涕泣以告先庙，慷慨以誓师徒，与其苟且图存，贻羞万古，孰若大张挞伐，一决雌雄。"顾笑言等《李宗仁归来》："在军事上，提出把汤恩伯调往大庾岭一线，与解放军一决雌雄部署。"

"决一雌雄"一般作谓语、定语，结构为动宾式，为褒义词。

● **例句一**：既然你不服输，那我们就改日再决一雌雄。

● **例句二**：1948 年 9 月，中国共产党中央委员会毛泽东主席决定，由东北野战军发起辽沈战役，与在东北的国民党军队决一雌雄，以求一战而解放全东北。

中國傳統文化

◎ 出典寻源

◎ 解字释义

◎ 关联词语

◎ 应用说例

开天辟地

出典寻源

"开天辟地"这个成语出自《尚书·中候》，而其相关典故引自三国孙吴徐整《三五历纪》。

传说远古时期，天地还未形成，到处一片混沌。它无边无际，上下左右全无，东南西北不分，似乎是一个浑圆的鸡蛋，那里面孕育着的就是人类的祖先——盘古。

经过漫长的一万八千年后，盘古在这浑圆之中最终孕育成熟了。他睁开眼睛后发现眼前漆黑一团，十分生气，于是便自制了一把斧子劈开了这个混沌的圆东西。伴随着一声巨响，圆东西被大力劈开了，里面轻而清的阳气往上漂浮，变成了湛蓝的天空；重而浊的阴气向下沉去，变成了广袤无垠的大地。自此以后，宇宙间便有了天地之分。

盘古现世后，头顶蓝天，脚踩大地，挺立于天地之间。从此以后，上天每日增高一丈，大地每日增厚一丈，盘古就每日长高两丈。这样又经过了一万八千年，天高得无法再高，地厚得无法再厚，盘古也就变成了世间唯一顶天立地的巨人，像根擎天柱一样支撑着天和地，让它们再也无法恢复过去的混沌状态。

不知又历经了多少年，盘古终于倒了下去。只见他的头部隆起，变成东岳泰山；他的脚向天伸去，变成西岳华山；他的肚子高耸，变成中岳嵩山；他的双肩，一个变成南岳衡山，另一个变成北岳恒山。至于他的头发与汗毛，都变成了树木与花草。这便

◎ 出典寻源

◎ 解字释义

◎ 关联词语

◎ 应用说例

是盘古"开天辟地"的传说。

　　徐整《三五历纪》描述上述传说故事，原文记载："天地开辟，阳清为天，阴浊为地，盘古在其中。"

　　而关于成语"开天辟地"的来源，较早的记载是《尚书·中候》，其中说："天地开辟，甲子冬至，日月若悬璧，五星若编珠。"由此引申出"开天辟地"的成语。

解字释义

　　"开天辟地"本义指的是古代神话传说中，天地本混沌一片，盘古氏开辟天地，创造了世界。现在这一成语多用于指前所未有的、有史以来第一次发生的重大事件。或比喻创立前所未有的伟大事业。

关联词语

　　"开天辟地"的近义词有"亘古未有"等。

　　"亘古未有"的意思是从古到今都不曾有过。"开天辟地"与"亘古未有"都有从古至今只此一件的意思。不过，"开天辟地"主要表示有史以来创建的最高功绩，而"亘古未有"主要侧重于一件事情是绝无仅有的，并没有突出这件事或者人物有什么贡献。

　　"开天辟地"的反义词有"史不绝书"等。

　　"史不绝书"指的是史书上不断有记载，过去经常发生这样的

中國傳統文化

◎ 出典寻源

◎ 解字释义

◎ 关联词语

◎ 应用说例

事情。

应用说例

"开天辟地"也可以作"天地开辟"。

汉代王充《论衡·论死篇》："天地开辟，人皇以来，随寿而死，若中年夭亡，以亿万数，计今人之数，不若死者多。"柳亚子《七律·感事呈毛主席》："开天辟地君真健。"冯玉祥《我的生活》："从库伦到包头这条路，可以说从开天辟地以来没有人走过，苟非敢于冒险，不畏艰苦之人，简直会胆丧气沮，无法胜任。"冰心《姑姑》："她却悄悄地对她侄儿笑话我自开天辟地以来，只穿得这一件衣服，大约是晚上脱下来洗，天一亮，就又穿上。"

"开天辟地"的现实意义是：创造是一种勇敢的尝试，每个人都应该用所学的知识和积累的经验去努力开创属于自己的一片天地。"开天辟地"这则成语原来的意思是开创人类历史，现用来比喻前所未有，是有史以来的第一次。"开天辟地"在结构上是联合式，作谓语、定语，比喻前所未有的伟大事业。

●**例句一**：在这片红土地上，开天辟地第一次有了自己的上市公司，革命老区洋溢着节日的喜庆气氛。

●**例句二**：中国共产党的成立是中华民族发展史上开天辟地的大事。

●**例句三**：因为新中国的成立，广大劳苦大众开天辟地第一次真正成为了国家的主人。

劳而无功

◎ 出典寻源

◎ 解字释义

◎ 关联词语

◎ 应用说例

出典寻源

"劳而无功"这个成语引自战国时期庄周《庄子·天远》。

典故记载了有关孔子的一个故事。孔子，名丘，字仲尼，春秋末期鲁国人，我国古代伟大的思想家、政治家、教育家，儒家思想的创始人。

孔子自二十岁起，就希望走上仕途的道路，因而他对天下大事极为关注，对治理国家的很多问题，常常进行思考，也常常发表一些独到的见解。他的思想把"仁"当作核心，提出"己所不欲，勿施于人"等论点，大力弘扬忠恕之道，因而他主张以仁义道德治国平天下，使周朝礼制尽数恢复，并且认为统治者只有利用"仁义"来教化百姓，处理诸侯国之间的复杂关系，重建周朝礼制，天下才会太平。

孔子致力于周游列国，向各个诸侯国国君弘扬自己的政治主张，恳请他们可以采纳。然而遗憾的是，他的政治主张并不被统治者所接受，因而总是到处碰壁。

据《庄子·天远》记载，有一次，孔子准备前去卫国游说。他的得意学生颜回，前去问鲁国的官吏太师金说："我的老师孔子一直周游列国，到处游说，劝说对方能够接受他的政治主张，然而总是碰壁。这次前去卫国，你看情况会怎样？"

太师金摇摇头说："我看还是算了吧。如今战乱四起，各国国君为了抢夺地盘而忙于打仗，对你老师的'仁义道德'估计会十分反感，没有人愿意去听那些不合时宜的说教，像蔡、陈两国就是这样。假如到卫国此类的小国去游说，也一定不会得到好结果。"

太师金接着举例作进一步阐述："船在水里可谓属于最好的运输工具，车在陆地上也是最好的运输工具。不过假若硬要将船弄到陆上来运货，无异于白费力气，必定会劳而无功。你的老师想去卫国游说，这和将船弄到陆地上去运货一样，其结果可想而知，甚至恐怕会招至祸端。你们不要忘了去陈国游说的教训，那时你们去陈国不仅没人理睬，而且落得个七天无饭可吃的悲惨下场。"

颜回听完后，对此十分忧心。他将这件事告诉了孔子，孔子尽管了解现状，然而还是坚持去了卫国。结果自然是徒劳无功。

《庄子·天远》记载太师金阐述的原文是："今蕲行周于鲁，是犹推舟于陆也，劳而无功，身必有殃。""劳而无功"的成语就引典于此。

解字释义

劳：劳累，劳苦。功：功效，成效。"劳而无功"指费力气而无成效。

关联词语

"劳而无功"的近义词有"枉费心机""水中捞月"等。

"枉费心机"指的是白白地耗费心思。"水中捞月"指的是到水中去捞月亮，比喻徒劳而无功。不过，"劳而无功"指的是付出了很大力气却没有任何功效，表示遗憾。"枉费心机"主要侧重于千方百计地去谋算什么，结果却以失败告终。"水中捞月"主要侧

◎ 出典寻源

◎ 解字释义

◎ 关联词语

◎ 应用说例

重于原本就是不可能成功的事情，哪怕付出再多，也没有作用。

"劳而无功"的反义词有"不劳而获""坐享其成"等。

"不劳而获"指的是自己不劳动却占有别人的劳动成果。"坐享其成"指的是自己不出力而享受别人努力取得的成果。

应用说例

春秋至秦汉时期《管子·形势》："与不可，强不能，告不知，谓之劳而无功。"战国时期墨翟《墨子·号令》："地不得其任，则劳而无功。"老舍《福星集》："既为了'闲消遣'，他就摆弄自己由旧诗得来的技巧，而忘了听众是谁，和歌词是为了一唱大家就能懂的。于是，他的方法是深入深出，恰与深入浅出相反，劳而无功。"郑振铎《桂公塘》："文天祥警觉到自己这趟的劳而无功，也警觉到自身的危险。"

"劳而无功"和"徒劳无益"都有"费力不讨好"的意思。但"劳而无功"偏重在没有功效和功劳，往往是他人评说；"徒劳无益"强调白费功夫而没有收到利益。"劳而无功"在现实中的启示意义是：在奋斗的路上一路荆棘，风雨兼程，然而我们必须看清方向，不能南辕北辙，而要有的放矢。

●例句一：开头几年，我辛苦经营这家软件公司，却一直劳而无功。

●例句二：这是一件太不现实的事情，如果你硬要继续蛮干，很可能劳而无功，要是遭遇到什么不测，就更不值得了。

劳苦功高

出典寻源

"劳苦功高"这个成语引自汉代司马迁《史记·项羽本纪》。

秦末，楚汉之争时，项羽在鸿门宴请刘邦，他的谋士范增让项庄在席上舞剑，企图伺机刺杀刘邦。随同刘邦前来的汉将樊哙闻讯撞倒门卫，闯入宴席。他把一大斗酒一饮而尽，又用剑割下生猪肘吃。接着，他在细数了刘邦打败秦军、率先进入咸阳的功绩后向项羽发出了一连串的责问。据《项羽本纪》载，樊哙原话是这么说的："沛公劳苦而功高如此，未有封侯之赏，而听细说，欲诛有功之人，此亡秦之续耳。"他这段话的意思是说："沛公（指刘邦）在反抗暴秦的斗争中如此劳苦功高，你没有封侯的赏赐，反而听信小人谗言，要杀有功劳的人，这正是已经灭亡的秦国那一套做法的延续呀！"

项羽哑口无言，刘邦借口上厕所，由樊哙等人护送回了汉军营地。

"劳苦功高"的成语就引典于这个故事。

解字释义

劳苦：劳累辛苦。功：功劳，功勋。"劳苦功高"指的是出了极大的力气，立下了很大的功劳。形容历尽艰辛，立下了大功劳。

◎ 出典寻源

◎ 解字释义

◎ 关联词语

◎ 应用说例

关联词语

"劳苦功高"的近义词有"汗马功劳"等。

"汗马功劳"原指在战争中立下的大功劳，现泛指大功劳。"劳苦功高"与"汗马功劳"尽管都表示大功劳，但是，"劳苦功高"主要侧重于付出艰辛劳累以后才取得很好的功绩，而"汗马功劳"主要侧重于最后取得功勋的结果。

"劳苦功高"的反义词有"徒劳无益""劳而无功"等。

"徒劳无益"指的是付出了劳动（做了工作），但得不到任何的益处（好处）。"劳而无功"指的是花费了力气，却没有收到功效。

应用说例

王道生《园丁》："她是家里家外的有功之臣，劳苦功高啊！"毋国政《愿生活像一朵鲜花》："他深知许嫂劳苦功高，况且，正像一切精干的家庭主妇一样，许嫂在家里的权威，也是不容挑战的。"

使用"劳苦功高"这个成语时要注意：它属于感情色彩较浓的褒义成语。成语结构为联合式，一般作谓语、定语。"劳苦功高"在现实中通常用于赞扬那些为了国家和人民的事业鞠躬尽瘁、默默奉献，值得我们钦佩与学习的人。

●例句一：尊敬的老师，您这些年呕心沥血，培养了一批又

◎ 出典寻源

◎ 解字释义

◎ 关联词语

◎ 应用说例

一批社会的英才、国家的栋梁，您真是劳苦功高，令人景仰。

● 例句二：新时期的劳动英雄，许多都是在平凡的工作岗位上全心全意为人民服务的人，他们任劳任怨，劳苦功高，理所当然地受到人民的赞誉和国家的奖励。

炼石补天

◎ 出典寻源

◎ 解字释义

◎ 关联词语

◎ 应用说例

出典寻源

"炼石补天"这个成语引自汉代刘安等《淮南子·览冥训》。

上古时期，我们的祖先认为天是圆的，地是方的。天可以覆盖大地，是由于大地上有四根擎天柱支撑着它。数万年一晃而过，四根天柱因为风吹日晒，雪打雨淋，日渐腐蚀，天将要支撑不住了。因而，天上开始出现许多裂缝，雨水从裂缝中不断地向下倾泻，九州大地的不少地方变成一片汪洋。天上的闪电引起了森林大火，不少地方成为了火海。凶猛的野兽肆虐，人类处在非常危险的境地。

于是，人类的始祖女娲下定决心炼石补天，以拯救她的子孙。只见她点燃了一堆圣火，炼烧出红、黄、蓝、白、黑五色石，利用这些煅烧的五色石来修补天上出现的裂缝。她接着捉来一只巨大的乌龟，砍下它的四只脚，用来顶替已经损坏的天柱。

天上之所以漏雨，是因为有一条黑龙在作祟，女娲勇斗黑龙，最终将黑龙杀了，使罪恶的根源彻底被铲除。

在女娲的辛苦劳累下，天最终补好了，天柱也更加牢固了，猛兽被全部消灭，九州大地再现正常的秩序。后来的人类便又可以放心地生活了。

《淮南子·览冥训》的原文这样记述这个故事："往古之时，四极废，九州裂，天不兼覆，地不周载……于是女娲炼五色石以补苍天，断鳌足以立四极。"这便是"炼石补天"的故事，也是

◎ 出典寻源

◎ 解字释义

◎ 关联词语

◎ 应用说例

"炼石补天"这个成语的来源。当然，"炼石补天"的故事只是一种传说，是古时候人类对于宇宙的美好想象。

解字释义

"炼石补天"出自于古代神话，说的是女娲炼石补天的故事。后借指为拯救某种大灾或从事某件大事而立下的功勋。

关联词语

与"炼石补天"意义相近的成语有"赫赫之功""功德无量"等。

"赫赫之功"表示显赫的业绩，形容功劳极大。"功德无量"旧时指功劳恩德非常大，不可计量，现多用来称赞人的功劳、恩德或做有益于别人的事情。"功德无量"也是佛教语，指功劳恩德无法估量。"炼石补天"多侧重于功勋很大，无论哪方面的功勋都可用这个词。"赫赫之功"一般适用于军人在战场上取得的功勋。而"功德无量"多比喻一个人向穷苦人施行恩惠或者形容一个人非常善良乐施。

应用说例

"炼石补天"也可以作"补天炼石"。

◎ 出典寻源

◎ 解字释义

◎ 关联词语

◎ 应用说例

唐代张说《延州豆卢使君万泉县主薛氏神道碑》："大圣天后，炼石补天，有王母之神器。"宋代杨万里《送徐宋臣监丞补外》："补天炼石无虚日，忧国如家有几人？"明代何景明《赠吕子迁左给事中》："衔沙填海志，炼石补天情。"清代陈裴之《香畹楼忆语》："白甫此笔真有炼石补天之妙。"。

"炼石补天"的传说的启示意义在于：人类是有巨大潜能的，我们能以非凡的才能手段挽回颓势或弥补缺陷。"炼石补天"这个成语结构为联合式，可用作谓语、定语，含褒义。

● 例句一："神舟"号系列飞船遨游太空，这是中国人炼石补天的壮举。

● 例句二：我们每一个人不一定都能成为炼石补天的英雄，但我们可以通过自己的努力学习和诚实工作，成为对社会有用的人。

◎ 出典寻源

◎ 解字释义

◎ 关联词语

◎ 应用说例

两败俱伤

出典寻源

"两败俱伤"这个成语引自宋代欧阳修等《新五代史·宦者传论》。

战国时期的淳于髡是一个聪明、幽默的人。当他知道齐宣王正准备去攻打魏国时，便去晋见齐宣王，说："大王，您听过韩子卢和东郭逡的故事吗？韩子卢是天底下最棒的猎犬，东郭逡是世界上最有名的狡兔。有一天，韩子卢追赶东郭逡，一只在前面拼命地逃，一只在后面拼命地追，结果它们两个都跑得精疲力竭，动弹不得，双双累死在山脚下。这时正好有个农夫经过，便毫不费力地把它们两个一齐带回家煮了吃掉。"

齐宣王不解道："这跟我要去攻打魏国有什么关系呀？"

淳于髡说："大王，现在齐国发兵去攻打魏国，在短期内是不能打赢对方的。到头来，双方都会弄得民穷财尽，两败俱伤。不但老百姓吃苦，国家的兵力也会大大受损。那时，万一秦国和楚国趁机来攻打我们，那不是平白送给他们吞掉齐国和魏国的机会吗？"

齐宣王听了淳于髡的话，觉得很有道理，就停止了攻打魏国的计划。

《新五代史·宦者传论》这样记述："谋之而不可为，为之而不可成，至其甚，则俱伤而两败。"由此引申出"两败俱伤"这个成语。

◎ 出典寻源

◎ 解字释义

◎ 关联词语

◎ 应用说例

解字释义

败：失败。俱：全。"两败俱伤"的意思是斗争双方都受到损伤，谁也没得到好处。

关联词语

"两败俱伤"的近义词有"玉石俱焚"等。

"玉石俱焚"形容美玉和石头都被烧坏，比喻好坏不分，同归于尽。不过，"两败俱伤"主要侧重于争斗的双方都受到不小的伤害，没有谁得到好处。而"玉石俱焚"主要侧重于不管好的坏的都在一起同归于尽。后者的伤害程度更深。

"两败俱伤"的反义词有"两全其美""一举两得"等。

"两全其美"表示做一件事使两方面都得好处。"一举两得"指的是做一件事情得到两方面的好处。

应用说例

明代于慎行《谷山笔麈》："近世有一士夫，得人私书，奏而诘之，两败俱伤，为公论所薄。"清代李宝嘉《官场现形记》："倘若大人再要回护他三人，将来一定两败俱伤，于大人反为无益。"梁启超《王荆公传》："而普通商业，又最忌以抵当而贷出其资本。今市易法乃兼此两种矛盾之营业，有两败俱伤耳。"闻一多《文艺

◎ 出典寻源

◎ 解字释义

◎ 关联词语

◎ 应用说例

与爱国》：“这两种运动合起来便能够互收效益，分开来定要两败俱伤。”

"两败俱伤"告诉我们一个道理：忍一时风平浪静，退一步海阔天空。很多时候，如果没有意气用事，便可以皆大欢喜，避免很多损失。"两败俱伤"在结构上是联合式，作谓语、宾语、定语，含贬义，表示斗争的一种消极后果。

●例句一：你们两兄弟如果老是这样互相攻击，弄得两败俱伤，只会让亲者痛、仇者快而已。

●例句二：他俩就是不听别人劝告，谁也不服谁，总是相互拆台，如今弄得两败俱伤，这能怪谁呢？

立于不败之地

◎ 出典寻源

◎ 解字释义

◎ 关联词语

◎ 应用说例

出典寻源

"立于不败之地"这个成语引自春秋时期孙武《孙子·形篇》。

孙武是春秋时期著名的军事家，他留下的《孙子兵法》是中国最早、最杰出的一部兵书。他在"形篇"这一章中这样谈到他的一些作战思想：

"古时善于作战的人，能设法发现对方的弱点，发动攻势，用不着反复布置兵力，也用不着拼力厮杀，就能顺利地获得胜利。古时善于防守的人，以山川之阻、丘陵之固，使对方无法进攻；善于进攻的人则依据天时的变化、水火的因素，在对方没有防备的条件下，以迅雷不及掩耳之势发动攻击。因此说，善于打仗的人获得胜利，不一定非有突出的智慧、超人的武功不可。他们所以能百战百胜，不发生一点差错，是由于他们施展自己的长处，克制对方的短处，使对方处在失败的位置上。因此可以说，善于作战的人，应该使自己立于不败之地，还要抓住导致对方失败的机会。"

这最后一句的原文是："故善战者，立于不败之地，而不失敌之败也。""立于不败之地"的成语就出典于此。

解字释义

立于：处于。"立于不败之地"的意思是让自己处在稳操胜

◎ 出典寻源

◎ 解字释义

◎ 关联词语

◎ 应用说例

券、不会失败的地位。

关联词语

"立于不败之地"的近义词有"无往不胜""战无不胜""百战百胜"等。

"无往不胜"的意思是无论到哪儿都胜利，指到各处都行得通，办得好。"战无不胜"的意思是每次打仗没有不获胜的，形容军队每战必胜，战斗力极强，也指做任何事情都能成功。"百战百胜"的意思是每战必胜，形容所向无敌。

"立于不败之地"与"无往不胜"都有做什么事情都不会遭受失败的意思。但是，这两个词又有所区别："立于不败之地"只是说做什么都不会落到失败的地步，但是也不一定就是胜利，像是双方打成平手或者平局的时候，也是不败；而"无往不胜"通常指的是做什么都会做得好，做得成功，不管怎样，总是胜利的一方。

"立于不败之地"的反义词有"屡战屡败""一败涂地""身败名裂"等。

"屡战屡败"的意思是多次打仗多次失败。"一败涂地"形容彻底失败，无法收拾局面。"身败名裂"的意思是地位丧失，名誉扫地，指做坏事而遭到彻底失败。

◎ 出典寻源

◎ 解字释义

◎ 关联词语

◎ 应用说例

应用说例

宋代辛弃疾《论阻汇为险须藉两淮疏》："古之为兵者，谓其势如常山之蛇，击其首则尾应，击其尾则首应，击其身则首尾俱应，然后其兵立于不败之地。"郭沫若《稷下黄老学派的批判》："为要保全自己或使自己所得之利更大些，当然要把自己立于不败之地，而以权术待人了。"周而复《上海的早晨》："我们要立于不败之地，将来有啥风险也不怕了。"

"立于不败之地"这个成语一般用作谓语、宾语，它的主语一般是组织或个人。它的结构是补充式。这个成语一般用于褒义。现在常用在宣传会议上或者用在激励人心的大会上，常用于"要想立于不败之地，就要……"的句式中。

●**例句一**：只有当我们用知识武装自己时，我们才能在这个充满激烈竞争的社会里立于不败之地。

●**例句二**：我们的企业只有保证产品品质超越洋品牌，才能真正形成自己的民族品牌，也才能使自己的民族品牌真正走向世界，在世界市场的竞争中立于不败之地。

中國傳統文化

◎ 出典寻源

◎ 解字释义

◎ 关联词语

◎ 应用说例

鹿死谁手

出典寻源

"鹿死谁手"这个成语出自唐代房玄龄等《晋书·石勒载记下》。

东晋元帝在位时，北方正处于四分五裂，政权频繁更替的时期。到了公元319年，羯族人石勒在襄国（今河北邢台）建都，定国号为后赵。

石勒出身十分贫苦，年轻时靠给人卖苦力、打短工维持生活。由于家中贫穷，石勒从小没有读过书，自然也就识不了几个字，但他自有过人的能力。他特别有见识，善于分析问题，尤其是在战斗中能够抓住胜败的关键，从而将取胜的主动权牢牢地掌握在自己手中。

石勒称帝后，更是孜孜不倦地学习。他每天都让人为他读《史记》《汉书》等历史著作，以便从中汲取教训。

一次，当他读到《史记·高祖本纪》中，郦食其劝刘邦分封六国君主的后代为王时，大吃一惊地问道："这是谁的主意？如果真这么办，刘邦非失败不可，怎么还能称帝呢？"后来听到刘邦采纳了张良的意见，没有去分封，他才长出一口气说："我就说刘邦不会蠢到这种程度嘛！"

石勒还特别喜欢与众位大臣讨论历史人物的功过得失。在一次酒宴上，石勒问群臣："你们认为我可以与过去的哪位帝王相比？"

◎ 出典寻源

◎ 解字释义

◎ 关联词语

◎ 应用说例

大臣徐光听了，立即吹捧说："大王比汉高祖刘邦、汉光武帝刘秀、魏武帝曹操，以及晋朝的奠基人司马懿还要有雄才大略。现在看来，大概只有颛顼等三皇五帝才能与您相比。"

石勒听了徐光的话，端起酒杯，一仰头饮干满满一杯酒，哈哈大笑说："人最容易犯的错误是不能正确估计自己。我如果生在秦朝末年，也会像韩信、彭越一样奉刘邦为帝，在他手下为将，随他东征西讨，为他出生入死，安定天下。那样，不难得到侯爵的位置。至于说曹操、司马懿，他们二人算不得英雄。大丈夫为人处世应该像日月运行于天空，光明磊落，不遮不挡，让人有目共睹才行。哪能像他们二人那样奸诈狡猾，从人家孤儿寡母手中夺取天下呢？"石勒说得慷慨激昂，一发不可止，他接着说："如果遇到刘秀，我要与他一争高低，天下落在谁的手中还真说不准呢！至于三皇五帝，他们可比我强多了，我怎么敢与他们相比呢？"

史载，石勒讲话的原文是："人岂不自知，卿言亦已太过。朕若逢高皇，当北面而事之，然犹与韩、彭竞鞭而争先耳；脱遇光武者，当并驱于中原，未知鹿死谁手。""鹿死谁手"的成语由此而来。

解字释义

鹿：猎取的对象，多喻指政权。"鹿死谁手"的意思是最后胜利不知落在谁手里，即谁能取得政权或获取最终的胜利。

中国傳統文化

◎ 出典寻源

◎ 解字释义

◎ 关联词语

◎ 应用说例

关联词语

"鹿死谁手"的近义词有"明争暗斗""龙争虎斗"等。

"明争暗斗"的意思是明里暗里都在进行争斗，形容各用心思，互相排挤。"龙争虎斗"形容斗争或竞赛很激烈。"鹿死谁手"主要侧重于天下大权或者竞赛的胜利最后落入谁的手中；"明争暗斗"主要侧重于运用阴谋诡计私下争斗；"龙争虎斗"则主要侧重于拥有一定身份地位的人互相争斗。

"鹿死谁手"的反义词有"可操左券"等。

"可操左券"的意思是说古代契约分为左右两联，双方各执其一，左券即左联，常用为索偿的凭证。比喻成功有把握。

应用说例

明代张岱《与胡季望》："异日弟且携家制雪芽，与兄茗战，并驱中原，未知鹿死谁手也。"清代褚人获《隋唐演义》："若使江南人主，也能励精图治，任用贤才，未知鹿死谁手。"《隋唐演义》："贾润甫道，'天下扰攘，未知鹿死谁手，明公何出此言？'"姚雪垠《李自成》："牛金星用右手中指蘸酒，在桌上写了'大明必亡'四个字，随即望望医生悄声说，'但不知鹿死谁手耳。'"

"鹿死谁手"原比喻在乱世之中，群雄逐鹿，谁能脱颖而出，最终统一天下，的确很难预测，所以天下来之不易，在夺得天下后更应发奋图强，守住天下。现在多比喻（不知）谁胜谁负。现

◎ 出典寻源

◎ 解字释义

◎ 关联词语

◎ 应用说例

在也用"鹿死谁手"比喻大型的竞赛现场决赛胜利的一方。

●例句一：这两人棋力相当，这场对弈究竟鹿死谁手，现在还很难说。

●例句二：这场比赛尽管综合来看，甲方目前处于领先位置，但究竟鹿死谁手，意见有两派，有的人认为乙方会后来居上。

●例句三：今年端午龙舟竞赛，竞争非常激烈，到底鹿死谁手，现在还无法预测！

中國傳統文化

◎ 出典寻源

◎ 解字释义

◎ 关联词语

◎ 应用说例

落花流水

出典寻源

　　"落花流水"这个成语引自唐代李群玉《奉和张舍人送秦炼师归岑公山》，而较经典的故事和李煜有关。

　　李煜是五代十国时期南唐国君，南唐元宗李璟第六子，史称"李后主"。

　　李后主精书法，善绘画，诗和文均有一定造诣，尤以词的成就最高。其词内容主要可分作两类：第一类是李煜做帝王时所作，主要反映他自己的宫廷生活与男女情爱；第二类是成为阶下囚时所作，李煜以亡国的耻辱，加上自己强烈的情感而作，这个时期的作品成就远远超过前期，有人称为"神品"。李煜在中国词史上占据很高的地位，被赞为"千古词帝"，对后世影响颇大。他将晚唐以来花间派词人的传统发挥得淋漓尽致，将词的创作往前推进了一大步，使词的表现领域得到极大的拓展。所以有人说：李煜尽管不是个好皇帝，但绝对是个好词人。

　　李煜被俘后，被封为开封的违命侯，拜左千牛卫将军。国破之痛，以及自身境遇的巨大落差之下，李煜非常痛苦郁闷。他后来便借作词曲来抒发自己苦闷的心情，写下《望江南》《虞美人》等名曲。其中一首《浪淘沙》这样写道：

　　帘外雨潺潺，春意阑珊。

　　罗衾不耐五更寒。

　　梦里不知身是客，一晌贪欢。

◎ 出典寻源

◎ 解字释义

◎ 关联词语

◎ 应用说例

独自莫凭栏，无限江山。

别时容易见时难。

流水落花春去也，天上人间。

后人根据此诗中"流水落花春去也"一句诗引申出"落花流水"的成语。

解字释义

"落花流水"本义是指残春时的景象，后也多用来比喻衰败零落的情形或哀愁无奈的情绪，以及打败仗后的狼狈状态。

有时，人们把"落花"和"流水"分别比作一个有意、一个无情的双方，说是"落花有意，流水无情"，这就成了另一个意思，另一句成语了。这句成语，最早见于文字的，大概要算宋代词人贺铸的《南柯子》中的两句："有恨花空萎，无情水自流。"在旧小说和戏曲中，引用这句成语的很多，一般都用它来比喻单相思，也用它来表示不义之人的不可信赖。

关联词语

"落花流水"的近义词有"大败而逃""丢盔弃甲""落荒而逃""割须换袍"等。

"大败而逃"的意思是指吃了败仗慌张逃跑。"丢盔弃甲"形容吃了败仗逃跑的狼狈相。"落荒而逃"指离开战场或大道，向荒

◎ 出典寻源

◎ 解字释义

◎ 关联词语

◎ 应用说例

野逃去，形容吃了败仗慌张逃跑。"割须换袍"形容打了败仗狼狈逃跑。

"落花流水"和"丢盔弃甲"都有"失败得很惨，被打得狼狈不堪"的意思。但"落花流水"有残乱而零落的样子，偏重指东西被抢或被吃的样子；"丢盔弃甲"只用来比喻失败后狼狈逃跑的样子。

"落花流水"的反义词有"勇冠三军""百战不殆"等。

"勇冠三军"指勇敢或勇猛是全军第一。"百战不殆"比喻作战百次也不失败，形容每战必胜。

应用说例

唐代赵嘏《寄远》："无限春愁莫相问，落花流水洞房深。"唐代温庭筠《宿城南亡友别墅》："水流花落叹浮生，又伴游人宿杜城。"宋代欧阳修《夜行船》："落花流水连草云，看看是，断肠南浦。"清代李渔《巧团圆·梦讯》："仍是刘郎前度，怪种桃道士，踪影全无。落花流水指迷途。"姚雪垠《李自成》："转眼之间，战场的局面完全扭转，把官军杀得落花流水。"毛泽东《湖南农民运动考察报告》："其结果，把几千年封建地主的特权，打得个落花流水。"清代文康《儿女英雄传》："一时流水落花，悠然而去。"梁启超《欧游中之一般观察及一般感想》："我们又须知，现在我们所谓新思想，在欧洲许多已成陈旧，被人驳得水流花落。"

"落花流水"这个成语使用时切忌拆开使用，拆开就有了别的

◎ 出典寻源

◎ 解字释义

◎ 关联词语

◎ 应用说例

意思，比如人们有时也用"落花有意，流水无情"来形容一方情深却不能感动另一方。"落花流水"也可以作"流水落花"。

● **例句一**：溪旁几棵山樱，花瓣飘落水面，好一幅落花流水的暮春景象。

● **例句二**：今天在电视里看了一场羽毛球比赛，中国队的队员把对方打得落花流水，我真为他们感到骄傲。

● **例句三**：敌人军心已溃，我们趁机突击，将敌人杀得落花流水，狼狈逃窜。

中國傳統文化

◎ 出典寻源

◎ 解字释义

◎ 关联词语

◎ 应用说例

名列前茅

出典寻源

　　"名列前茅"这个成语引自春秋末期左丘明《左传·宣公十二年》。

　　春秋时代，楚攻郑，郑国向晋国求援。得令后，晋军的中军统帅荀林父便领兵前去救援郑国。途中，荀林父听说郑国已经向楚王媾和了，就主张将晋军撤回。上军统帅士会支持荀林父的意见，他说："现在楚国的德行、政令、典章、礼仪都不违背常规。楚国的军队很有秩序，训练有素。军队出征的时候，右军跟随主帅的车辕，左军打草作夜宿的准备，前军举着茅草作为标志开路，中军谋划战术，后军以精兵压阵。作战的时候将士都清楚自己的攻击目标，纪律相当严格。这样的军队是无法战胜的。我们不如回去整顿军队，加强武备，将来去讨伐别的国家吧！"

　　士会的意见很有说服力，荀林父不住地称赞他。但是中军辅佐先縠却不听他的意见，率领自己的军队前去进攻楚军。荀林父不得已，被迫令全军尽进。最终，全体晋军遭到失败。

　　《左传·宣公十二年》记载士会的讲话有这样的原文："军行，右辕，左追蓐，前茅虑无，中权，后劲。""名列前茅"的成语即由此引申而来。

◎ 出典寻源

◎ 解字释义

◎ 关联词语

◎ 应用说例

解字释义

名：名次。茅：通"旄"，军旗。前茅：古时行军，用茅作为旌旗，持茅先行，如遇变故，举茅报警，故称"前茅"。"名列前茅"现在用来指名次排列在前面。

关联词语

"名列前茅"的近义词有"独占鳌头""首屈一指"等。

"独占鳌头"原指科举时代考试中了状元，现泛指占首位或第一名。"名列前茅"表示名次在前，可指第一，也可指第二、第三等，并可用于学习、工作、比赛等多个方面或场合。"独占鳌头"表示排名第一，一般只用于考试等方面。"首屈一指"的意思是说扳指头计算，首先弯下大拇指，表示第一，引申为最好的。

"名列前茅"的反义词有"榜上无名"等。

"榜上无名"的意思是说张贴的名单上没有名字，泛指落选。

应用说例

清代吴炽昌《客窗闲话续集·唐词林》："汝初冒北籍，名列前茅，恐招人忌耳。"姚雪垠《李自成》："去年弟在京师，听说二公子中了秀才，且名列前茅，颇为学台赏识，实在可贺可贺。"李劼人《暴风雨前》："你我交情非外，我告诉你一个秘诀，包你名

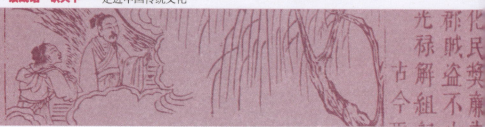

◎ 出典寻源

◎ 解字释义

◎ 关联词语

◎ 应用说例

列前茅。"伍修权《我的历程》："我在学校的功课一直名列前茅，从四年级到毕业，每年考试都是第一名。"

"名列前茅"在语法结构上是主谓式。该成语一般用作谓语、定语，含褒义。"名列前茅"在现实中的意义是：只有不断地努力，才能走在时代的前列，处于成功的巅峰。

●例句一：她舞技精湛，每次参加舞蹈比赛总是名列前茅。

●例句二：他孜孜不倦，努力学习，所以每次考试总是名列前茅。

●例句三：这笔奖学金是用来奖励在科学竞赛中成绩名列前茅的学生的。

◎ 出典寻源

◎ 解字释义

◎ 关联词语

◎ 应用说例

成语小游戏

一、下面的成语用得对不对？请在后面的括号内画上"√"或"×"。

1. 经过园丁师傅的修剪，花园里的树都整整齐齐、不蔓不枝的。 （　　）

2. 自从小王的爷爷去世后，他们家就"树倒猢狲散"了。 （　　）

3. 李厂长的儿子是个花花公子。 （　　）

4. 植物园里种植着各种奇花异草。 （　　）

5. 小刚吃得盘子里只剩下一颗杏子了，真是硕果仅存啊。 （　　）

6. 这种错误的观念在你的脑海里已经根深蒂固了。 （　　）

7. 春天到了，公园里的花开得如火如荼。 （　　）

8. 在老师的眼中，孩子们都是祖国含苞待放的花朵。（　　）

9. 当我们遇到困难的时候，一定不要退缩，而要勇往直前。如果你感觉你的眼前现在还是山重水复，要相信总有一天会柳暗花明。 （　　）

10. 像你这样走马观花地把书看一遍是不会有任何收获的。 （　　）

11. 今天妈妈错怪了我，那只花瓶不是我打碎的，妈妈的责骂可真是指桑骂槐啊！ （　　）

◎ 出典寻源

◎ 解字释义

◎ 关联词语

◎ 应用说例

12. 姐姐很爱美，她每天都把自己打扮得花枝招展的。

（　）

13. 小刚今天考试又没考好，拿到试卷后他的脸色如槁木死灰一般。　　　　　　　　　　　　　　　　　　（　）

14. 公园里到处鸟语花香，真是令人心旷神怡。　（　）

15. 我们学过的知识不过是太仓一粟，所以我们要懂得学无止境的道理。　　　　　　　　　　　　　　　（　）

答案：

　　1. √　　2. ×　　3. √　　4. √　　5. ×　　6. √　　7. √　　8. √
　　9. √　　10. √　　11. ×　　12. √　　13. ×　　14. √　　15. √

二、神话故事

　　下面成语中有一个是古代神话故事演化而来的，你知道是哪一个吗？

　　封狼居胥　　功败垂成　　功成不居　　功亏一篑　　孤注一掷
　　汗马功劳　　骄兵必败　　举足轻重　　劳而无功　　劳苦功高
　　炼石补天　　过五关，斩六将

答案：

　　炼石补天

中国傳統文化

◎ 出典寻源

◎ 解字释义

◎ 关联词语

◎ 应用说例

三、成语与神话故事

把下列成语和对应的神话故事连起来。

补天浴日　　　　曦，日色，阳光；羲和是神话中驾日车的神。指太阳已经在东方升起。

东兔西乌　　　　盘古氏开辟天地，开始有人类历史。

东曦既驾　　　　女娲炼五色石补天，羲和给太阳洗澡。

开天辟地　　　　月亮里有玉兔，太阳里有三足金乌。

夸父追日　　　　昆仑山有八柱擎天。

牛郎织女　　　　古代神话传说天上有十个同时出现的太阳。

擎天之柱　　　　夸父拼命奔跑，企图追上太阳。

十日并出　　　　牛郎与织女每年农历七月七日在鹊桥相会。

答案：

补天浴日——女娲炼五色石补天，羲和给太阳洗澡。

东兔西乌——月亮里有玉兔，太阳里有三足金乌。

东曦既驾——曦，日色，阳光；羲和是神话中驾日车的神。指太阳已经在东方升起。

开天辟地——盘古氏开辟天地，开始有人类历史。

夸父追日——夸父拼命奔跑，企图追上太阳。

牛郎织女——牛郎与织女每年农历七月七日在鹊桥相会。

擎天之柱——昆仑山有八柱擎天。

十日并出——古代神话传说天上有十个同时出现的太阳。

◎ 出典寻源

◎ 解字释义

◎ 关联词语

◎ 应用说例

四、成语接龙游戏

炼石补天→天若有情天亦老→老态龙钟→钟灵毓秀→秀色可餐→餐风露宿→宿弊一清→清风明月→月圆花好→好自为之→之死靡它

五、成语与人物

把下列成语与对应典故中的人物用直线连起来。

四面楚歌　　张良

约法三章　　长孙晟

一饭千金　　陶潜

运筹帷幄　　项羽

一毛不拔　　杨朱

一箭双雕　　刘邦

不求甚解　　韩信

答案：

四面楚歌——项羽

约法三章——刘邦

一饭千金——韩信

运筹帷幄——张良

一毛不拔——杨朱

一箭双雕——长孙晟

不求甚解——陶潜